사랑으로 산다

오늘 나를 살게 하는 힘

사랑으로 산다

최에스더

규장

하나님을 만나고 나면 글이 쓰고 싶어지고
글을 쓰고 나면 나 자신을 조금 더 알게 된다.

글로 올리는 나의 찬양 속에도
하나님의 나라가 임하기를.

●

나의 친구 나의 동지,
나의 스승 나의 목자,
강신욱 목사에게 감사를 드린다.

그가 전하는 복음은 한 선지자의 환상처럼
성전에서 흘러나오는 물과 같아서
내 영혼은 그 속에서 유영하고 있다.

시작은 아무래도 그 여행이었던 것 같다.

사 년 전, 이스라엘 성경 지리 답사 여행을 다녀왔다. 성지 (聖地) 개념이 없는 기독교 신자로서 이스라엘 여행에 그다지 큰 관심이 없었고, 막상 기회가 왔을 때에도 별다른 기대는 없었다. 다만 설교 중에 이스라엘과 주변 나라들의 지도를 허공에 자주 그려가며 설명하는 남편이 그곳에 한 번도 가보지 못한 채 사진과 그림으로만 아는 데서 한 단계 나아가기를 바라며 함께 여행길에 올랐을 뿐이다.

이스라엘은 의외로 조용한 곳이었다. 전 세계에서 몰려드는 성지 순례 성수기가 한참 지나 있기도 했지만, 계절을 따라 치솟던 더위는 이미 열기에 가까웠고, 그 땅을 태울 듯 내리쬐는 태양은 할 말을 잃게 만들었다.
유대 광야의 거센 바람 앞에서도, 무너진 요새의 정상에 올라섰을 때도, 출렁임 없는 사해와 손에 잡힐 듯 가까운 모압

땅을 바라볼 때도 이글거리는 태양과 적막한 고요가 함께했다. 바람에 흔들리는 올리브 나뭇가지를 보면서도, 흙 사이에 얼굴을 내민 어린 유칼립투스 잎을 보면서도 겨우 한 번 만져보았을까. 태양에 포박당한 듯 고개도 못 들고 입도 열지 못했다. 사진 찍는 소리, 누군가 질문하고 답하는 소리가 들렸지만 잠깐씩 내 주위는 마치 영화 속 한 장면처럼 소음이 사라지고 날아가는 새들의 움직임까지 모두 멈춘 것 같았다.

그때 나는 참 이상한 감정을 느꼈다. 마치 오래전 떠나온 고향 마을을 다시 찾은 것 같았고, 그곳에서 잊고 지낸 친구의 얼굴을 알아본 것 같은 기분에 울컥 눈물부터 나오려고 했다.

내 고향은 어디인가.

내가 나고 자란 곳은 부산 가야. 금관가야와 대가야의 찬란한 영광과는 거리가 먼, 이름으로만 흔적이 남은 작은 동네다. 그 시절에는 부촌과 빈촌의 구분이 지금처럼 명확하지 않았다. 판잣집과 조악한 벽돌집이 주를 이루는 가난한 동네에 큰 대문과 넓은 정원이 있는 저택 두 채가 섞여 있었다.

그중 한 저택의 길고 긴 담장을 지나면 골목길 끝자락에 우리 집이 있었다. 할머니와 부모님, 오빠 셋과 내가 사는 집이었다. 재산 한 푼 없는 일자무식의 우리 할머니는 집안의 제일 어른이라는 이유로 무소불위의 권력을 휘둘렀다. 물론 그 권력이라는 게 집을 사고팔거나 직장이나 학교를 정하는 일에 입김을 불어넣는 정도도 되지 못했다.

그러나 할머니는 늘 예측 불가능한 이유와 방법과 때를 골라서 가공할 만한 힘을 행사하셨다. 아무것도 아닌 일에 심사가 틀어져 시비를 거는 것으로 시작해 방바닥을 치면서 통곡하며 온갖 욕설과 저주를 내뱉고 도발과 폭력으로 치닫다가 밥상을 뒤엎고 대문을 박차고 나가버리는 것으로 줄곧 마무리되었다.

집 안도 난장판이었지만 그 모든 것을 고스란히 당하는 나머지 식구들의 마음은 갈가리 찢겼다고 해야 할까, 차갑게 얼어붙었다고 해야 할까. 우리는 그때마다 할 말을 잃었다. 말문이 턱 막혀버렸다. 할머니가 휘두르는 폭력은 특히 엄마에게 더 고약했다. 엄마는 늘 힘없이 당하셨고, 아빠는 체념하는 얼굴로 고개를 숙이셨다. 가끔 두 분이 할머니의 횡포를 견디다 못해 발끈할 때가 있었는데, 나는 오히려 그 순간이 가장 두렵고 슬프고 괴로웠다.

어디 하나 마음 붙일 곳 없던 내 유년기.

웃음소리나 어떤 대화도 없이 불안과 긴장이 감돌던 집에는 식구들이 모두 나가버리고 할머니와 나 둘만 남을 때가 많았다. 할머니는 귀가 많이 어두우셔서 일상적인 대화가 어려웠는데, 나는 그런 할머니와 아무런 소통 없이 같이 점심을 먹고 화투를 치고 낮잠을 자곤 했다.

내게는 다정했던 할머니와 놀다 보면 불쌍한 내 엄마를 배신하는 것 같아 '이제부터는 할머니를 미워해야지' 다짐하기도

했으니, 어린 내 속이 꽤나 부대꼈던 것 같다.

저녁 식사 준비 시간에 맞춰 들어온 엄마 옆에 꼭 붙어 서 있어 보지만 엄마는 내가 종일 어떻게 지냈는지, 학교에서 친구들과 무슨 일이 있었는지, 필요한 건 없는지, 하고 싶은 이야기는 없는지 묻지 않으셨다.

그저 음식 만드는 일에 열중하면서 마늘은 요만큼, 고춧가루는 요만큼, 참기름은 요만큼 넣는 거라는 설명만 해주셨다. 난 엄마가 보고 싶었다고, 온종일 너무너무 심심했다고, 엄마가 집에 없어서 힘들었다고 투정도 못 부리고 그저 엄마의 목소리를 들으며 아무 말 없이 옆에 있었다.

가족이 다 같이 둘러앉아 저녁밥을 먹었지만 그 시간도 나는 불안했다. 언제 어떻게 할머니가 소란을 일으킬지 모르니 다들 서둘러 밥을 먹고 각자 방으로 흩어졌다. 밤이 평화를 가져오는 것 같았지만 그마저 늘 아슬아슬했고, 주무시는 할머니 옆에 모로 돌아누운 나는 뜻 모를 눈물을 자주 흘렸다.

그나마 아빠 엄마와 맘 편히 지내는 시간은 주일 저녁 예배 시간이 유일했다. 한 시간 남짓 아빠와 엄마 사이에 앉아서 아빠를 찬찬히 뜯어보며 옷깃을 만져보고, 아빠의 큰 손을 만지면서 내 손을 잡아주고 머리를 쓰다듬어주는 아빠에게 기대어 아빠의 냄새를 맡았다. 그 냄새를 맡으며 엄마의 찬송 소리를 들으면 비로소 내게도 안정이 찾아왔다. 그제야 마음이 좀 놓였다.

아빠 엄마의 간구가 나의 간구가 되고, 그 분들의 한숨이 나의 한숨이 되고, 그 분들의 찬송과 웃음과 예배가 고스란히 내 것이 되던 시간.

내 눈과 귀를 채우고 내 텅 빈 정서를 채워주던 말들이 바로 이스라엘, 예루살렘, 베들레헴, 나사렛, 애굽, 홍해, 광야, 만나와 메추라기, 모세와 십계명, 요단강, 여리고성, 갈릴리 호수, 감람나무, 무화과나무, 포도나무, 목자와 어린양, 예수님과 제자들, 십자가와 부활, 승천과 재림이었다. 이 말과 글은 예배당을 꽉 채우는 공명과 흐름이 되었다. 나는 거기에 나를 맡겼고, 내 몸을 실었고, 점차 그것들에 젖어들었다.

　괴팍한 어머니를 모시고 자식 넷을 기르느라 먹고 살기 빠듯해서 몸과 마음이 힘들었던 부모님은 나들이나 가족 여행은 생각할 수도 없이 사셨다.

　내가 살던 고향에는 금정산성, 통도사, 낙동강, 을숙도, 태종대, 해운대 등 가볼 곳도 많았지만 다 크고 나서야 그런 곳에 같이 다녀보았고, 유년기에는 그저 하루 쉬는 주일에 식구들이 교회 가는 게 낙이자 전부였다. 그래서 어린 나의 물질세계는 부산 땅에 발을 붙이고 있었으나 정신세계는 수천 년 전 이스라엘 땅의 것으로 채워지고 있었다.

　그래서였던 것 같다.

　나이 오십이 다 되어 처음 가본 남의 나라에서 마치 유년기로 소환되어 온 것 같은, 이곳에서 누군가 나를 계속 부르고 있었던 것 같은 기분을 느꼈다. 잊고 지낸 그리움에 자석처럼 끌려온 것 같은 기분 말이다.

　내 고향은 어디인가. 아프게 빛바랜 기억 속에 한줄기 따뜻한 빛이 머무른 곳, 가진 것 없는 사람들이 예수님 이름 앞에 모여 예배드렸던 그곳. 아빠와 엄마 사이에 앉아서 기도 소리와 찬양과 말씀을 들었던 곳. 그 시간 그 예배당이 내가 심기고 자라고 영글던 고향이었나 보다.

　생각지 못한 곳에서 내 어린 시절을 마주하고 나서 알게 되었다.

　나,
　사는 건 막막했고 믿는 건 막연했는데
　사막에 강물과 길이 놓였구나.
　황무지에 장미꽃이 피었구나.
　내 눈에 눈물이 닦였고
　내 손에 등불이 들려 있구나.

반석 위에 선다는 게 이런 기분일까.

다시 태어난다는 게 이런 것일까.

언제부터였을까. 어떻게 가능했을까.

"바람이 임의로 불매 네가 그 소리는 들어도

어디서 와서 어디로 가는지 알지 못하나니

성령으로 난 사람도 다 그러하니라"(요 3:8).

어떻게 해야 사람이 다시 태어날 수 있냐고 묻던

니고데모에게 예수님이 해주신 말씀처럼

언제 어떻게 그랬는지 나도 알지 못한다.

분명한 건

내게 믿음을 주신 하나님,

그리고 지금 내가 가진 자유.

INTRO

PART 2

욥기에서 배우는 사랑의 섭리

PART 3

아가서에 숨은 진짜 사랑 이야기

EPILOGUE

PART 1

성경이
가르쳐 준
사랑의
의미

천국은
영원하다

 내가 학교에도 들어가기 전이었다.

딱딱하고 서늘한 예배당 마룻바닥에 무릎을 꿇고 앉아 집중하느라 고개를 뒤로 젖히고 입은 반쯤 벌린 채 전도사님에게 들었던 천국 이야기. 전도사님은 아이들에게 천국을 실감 나게 들려주려고 그 또래 꼬맹이들이 좋아할 만한 건 다 끌어다 열심히 설명하셨다.

지금 생각해보면 디즈니 만화 영화 속 판타지 비슷한 것이었는데, 천국을 그렇게밖에 상상하지 못했다. 하지만 전하는 자는 침을 튀기며, 듣는 자는 침을 흘리며 함께 그 환상에 빠져들었다.

그 설교 말씀의 피날레는 천국의 영원성이었다. 좋은 것으로 가득 찬 그곳이 영원하다는 거였다. 끝이 없고 다함이 없단다!

아!

나는 아무도 없는 집으로 돌아가 팔베개를 하고 누웠다. 아직 가시지 않은 여운을 붙잡고 다시 상상의 세계로 빠져들 어갔다.

천국은 어떤 곳일까.

전도사님이 들려주신 이야기들을 혼자 되돌려보는데 만화 와 동화와 영화에서 봤던 이미지들이 한꺼번에 떠올라 서로 자 기가 더 환상적이라며 먼저 튀어나오려고 아우성이었다. 이리 저리 어지럽게 마구 뒤섞여 뒤죽박죽이 되었다. 그래도 좋기만 했다. 생각만 해도 입가에 웃음이 실실 새어 나왔다.

천국에서 먼저 '뭐부터 먹을까' 생각하다가 '뭘 입을까'로 넘 어간다. 아무래도 백설공주 드레스보다는 신데렐라 드레스가 내 취향이다. 그 옷을 입고 몇 바퀴 신나게 돌아본 다음 미련 없이 벗어던지고 다른 드레스로 갈아입는다. 공주님 드레스는 옷장에 차고 넘치니까.

아직 다 입어보지도 못했는데 다른 곳에 구경하러 나서자고 한다. 입에 케이크와 과자를 급히 욱여넣고 아이스크림을 양 손에 꼭 쥐고 따라나선다. 드레스를 질질 끌고 다니며 정신없이 구경하다가 나 혼자 길을 잃는다면? 하! 찾아가겠지. 맛있는 것만 골라 먹다가 이가 다 썩는다면? 뭘! 도로 낫겠지. 여긴 천국이잖아!

그새 거추장스러워진 드레스 따위는 던져 버리고 사탕이나 깨물어 먹으면서, 껌이나 짝짝 씹으면서 내가 지어낸 환상에 잔뜩 취한 채 흥청망청 맨발로 천국을 맘대로 쏘다니다가 그곳에서 영원히 살아야 한다는 생각이 마침내 들었다.

영원히라….
영원은 얼마만큼의 시간일까. 한번 따라가 보았다.

내가 지금 여섯 살이니까 좀 있으면 열 살이 되고, 스무 살이 되고, 오십 살이 되고, 백 살이 되면….
죽겠지?

천국에 가서 다시 태어나 한 살, 두 살, 열 살, 스무 살, 오십 살, 백 살…. 그래도 안 죽고… 다시 이백 살, 삼백 살, 오백 살, 천 살, 만 살… 여태 안 죽고….

다시 이만 살, 삼만 살, 십만, 백만, 천만, 억, 억의 억, 억의 억의 억… 아직도 안 죽고! 이렇게 오래 살았는데 늙지도 않고 죽지도 않고 계속 사는 것이다.

숫자를 셀 수 없을 때까지 가봤는데 거기도 끝이 아니고 더, 더, 계속, 계속… 머릿속으로 천국에서의 시간을 느껴보다가 나는 진저리를 쳤다. 고개를 마구 가로젓고 손발 끝의 말초 신경까지 부르르 떨었다. 누운 채 천 길 낭떠러지 아래로 끝없이 추락하는 것만 같았다. 머릿속이 아득해지고 앞이 캄캄해 졌다.

싫다, 싫다. 정말 싫다. 죽지도 않고 끝도 없이 계속 산다니! 너무 싫다. 아무리 좋은 곳이라도 영원한 건 싫다. 좋다는 것 다 내팽개치고 거기서 허겁지겁 도망쳐 나왔다. 충격이었다. 아니 그건 실로 공포였다.

○

충격과 공포로 온몸이 굳어 눈도 깜빡 못하고 있는 내게, 일곱 살 많은 큰오빠가 다가왔다. 내가 좀 이상해 보였는지 왜 그러냐고 물었다. 나는 오빠에게 바로 답했다.

오빠, 나는 천국 안 갈래.
왜?

난 싫다, 천국.

왜?

거기서 죽지도 않고 영원히 산다는 게 싫다.

좋은 것만 있는 곳인데도?

아무리 좋아도 나는 싫어. 끝이 있어야지. 계속, 계속 사는 게 뭐가 좋아.

큰오빠와의 대화는 그렇게 끝이 났고, 나는 그 후로도 자주 이 공포에 붙들려 몸서리를 치곤 했다.

천국에 가기 싫으면 하나님을 안 믿겠다고 하면 그만 아닌가. 그렇지만 내게 그런 배짱은 없었다. 그건 못할 것 같았다. 천국은 싫었지만 하나님을 안 믿겠다고 할 수는 없었다. 예수님도 싫지 않았다. 아니, 오히려 너무 좋았다.

유치부 예배에서 듣는 성경 이야기가 너무 마음에 들었다. 처녀의 몸에서 나신 아기 예수님, 기적을 베푸신 예수님, 십자가에 달려 돌아가시고 부활하신 예수님, 승천하신 예수님, 다시 오겠다고 약속하신 예수님. 그 모든 것이 믿어졌다. 그런데 그 예수님이 나를 천국으로 데려가시려고 내가 영원히 살 집을 짓고 계시다는 이 대목에만 들어서면 가슴이 콱 막히면서 속이 갑갑해져서 숨을 골라야 했다.

나를 천국에 데려가 적당히 지겹기 전까지 다 같이 행복하게 살다가 "이제는 진짜 다 이루었다!"라고 하시면서 대단원의 막을 내려주시면 좋겠다. 그걸로 완전히 끝인 상태. 불교에서 말하는 환생도 싫었다. 지겹긴 그것도 마찬가지다. 그냥 정말 끝. 나는 사라지고 싶었다.

○

사랑하는 자들아
주께는 하루가 천 년 같고 천 년이 하루 같다는
이 한 가지를 잊지 말라

베드로후서 3장 8절 말씀이다.

그로부터 몇 년의 시간이 흐른 어느 날, 내 귀에 들린 이 말씀을 듣자마자 나는 이 문장 자체에 빠져들었다. 무슨 뜻인지 정확하게 알 수는 없었지만, 잘 몰라도 좋았다. 마음에 두고 오래오래 음미했다.

이 말씀이 내 영혼의 세포로 녹아들어 작은 숨구멍이 되었다. 유년의 어느 날 방바닥에 누워 질겁하며 내뱉은 내 비명을 하나님이 들으시고 나에게 해주신 말씀이 메아리처럼 돌고 돌다가 내 귀에 딱 꽂힌 것 같았다. 천국을 다시 한번 들여다볼 용기가 생겼다.

이 말씀을 산소 호흡기처럼 쓰고 생각해본다. 천국에서 하루 이틀이 어떻게 지나가는지 모르지만, 일 년은 삼백육십오 일, 일주일은 칠 일, 하루는 이십사 시간, 한 시간은 육십 분인 지구에서의 하루 이틀은 아닐 거라는 생각에 숨통이 트였다. 거부감도 조금씩 잦아들었다.

○

좀 더 세월이 흐른 뒤 시간에 관해 하나 더 배운 게 있다. 시간도 하나님의 창조물 가운데 하나라는 사실이다. 그렇게 생각하자 상상의 문이 활짝 열렸다.

하나님이 시간을 창조하셨다면 그분은 시간 밖에 계시겠구나. 그것은 시간을 벗어나 있다는 것, 시간과 상관없다는 게 아닐까. 그래서 하루가 천 년 같다는 말이 성경에 있구나.

하나님이 계신 곳이 시간 밖이라면 천국도 시간 밖에 있다는 말인데, 그렇다면 천국에서의 영원이란 내가 시간 안에 갇혀서 생각하는 그 끝없는 흐름이 아니겠구나.

똑같은 사람들과 똑같은 곳에서 똑같은 노래를 수만 번 반복하고 똑같은 기쁨이 수만 년 계속되는 그런 게 아니겠구나.

그러면 시간 밖에 있다는 것은 무엇일까. 이 끝없는 흐름에서 벗어나 있다는 건 정지인가, 순환인가.

어제가 있어야 오늘이 있고, 오늘이 지나야 내일이 오는 것이 아닌 상태란 과거와 현재와 미래가 순서와 차례의 개념이 아니라 위치와 자리의 개념으로 하나님의 눈앞에 쫙 펼쳐져 있는 것일까. 지금 내가 서 있는 이곳에 쌓인 시간을 펼쳐볼 수 있다는 것일까.

우리에게 아직 일어나지 않은 일이 그분의 눈앞에는 이미 다 벌어져 있는 것일까.

그렇다면 페르시아의 왕비 에스더와 그녀의 이름을 따서 에스더가 된 나는 어쩌면 하나님의 눈앞에서 같이 숨 쉬는 것은 아닐까.

그렇다면 죽음은 시간 안에서 시간 밖으로 나가는 것인가.

예수님은 영생이 천국에서 끝없이 사는 거라고 말씀하시지 않고, 유일하신 하나님과 그가 보내신 자 예수 그리스도를 아는 것이라고 하셨다(요 17:3). 앎이 곧 삶이다. 이 땅에 살면서 하나님과 그리스도를 알게 되면 시간 안에 살면서 시간 밖에

서의 삶, 즉 영생을 소유하는 것이다. 시간의 흐름에 갇혀 있는 나를 위해 하나님은 직접 그 시간 안으로 들어오셨다. 영벌의 운명을 영생으로 바꿔주셨다.

찰나인 인생이 영원을 가늠해보다가 질식할 뻔했는데 진리를 앎으로 내 안에 영원이 들어오고 난 뒤, 천국에 대한 공포와 거부감이 사라졌다. 내 생명은 이미 시간의 경계를 넘어 찰나와 영원을 연결하여 있다. 순간과 영원이 내 안에 공존하는 이 모순을 앎이, 이 진리를 앎이, 얼마나 황홀한 삶인가! 내게는 정말 확실한 앎이다.

그렇다면 하나님은 왜 우리를 시간 안에 두셨을까.

생각이 여기까지 이르러 이 질문을 만나면 영원에 대한 공포가 처음부터 없었던 것처럼 하나님에 대한 신뢰가 끝없이 밀려왔다. 사람에게 시간이 필요해서 시간 안에 두신 게 아닐까….

가꾸던 꽃이 피고 지는 것을 보면서,
기르던 개가 나고 죽는 것을 보면서,
사랑하는 사람들과 죽음으로 이별하고 나서,
우리는 그들을 잡을 수 없으며

그들의 정해진 때를 바꿀 수 있는 사람은
아무도 없다는 것을 배운다.

영원할 수는 없을까.
이 순간에 멈춰 설 수는 없는 걸까.

시간이 우리에게 주는 가르침은 우리의 유한성이다.
모든 피조물이 이 진리에 조용히 순응하며 자기의 갈 길을
간다. 사람만 영원할 수 있기를, 영원한 것이 있기를 찾아 헤매
며 끝없이 갈망하지만 결국에는 이 땅을 떠나게 된다.
그러나 복음을 믿는 자들은 다르다. 더 이상 영원을 갈망하
지 않는다. 그들은 이미 영원을 소유했기에 그저 향유할 날을
그리며 사모할 뿐이다.

그리스도인에게 죽음이란, 영원의 세계로 향하는 출발이다.
그러므로 죽음을 두려워하지 않는다.

○

    나는 자녀가 넷이다. 첫째아들은 어느덧 스물네 살이 되었고, 막내딸은 열네 살이다. 시간이 흐름이 아닌 정지 화면처럼 보이는 곳에 갈 수 있다면 나는 아이들이 아기였을 때를 골라서 시간의 주름을 잡아보고 싶다. 똑같이 십 개월쯤 됐을 때를 골라 네 명의 아이들을 한눈에 담아보고 싶다.

    장남의 수고도 없고 막내의 답답함도 없이 넷이 똑같이 친구가 되는 주름을 잡아 들어가서 아이들을 실컷 안고 살을 비비고 냄새를 맡고 업어주고 놀아주고 싶다. 까르르 웃음소리를 듣고 맘마를 먹여주고 뽀뽀를 하고 자장가를 불러 재운 뒤에 내 어린 아기들 옆에 누워 잠들고 싶다.

    그 옛날처럼.

선악을
알게 하는 나무

친정엄마는 다섯 살 때 태평양 전쟁 통에 북경에서 함경남도 원산으로 피난했고, 열 살 때 한국 전쟁을 겪으며 경북 안동으로 피난을 오셨다. 타고난 이야기꾼이었던 엄마는 틈만 나면 어린 시절에 피난을 오면서 겪은 전쟁의 참상을 매우 실감나게 말해주셨다. 엄마는 의도하지 않았겠지만 그 공포가 어린 내게 고스란히 옮아 왔다.

나는 툭하면 전쟁 꿈을 꿨다. 전쟁을 겪은 엄마는 쿨쿨 잘도 주무시는데 듣기만 한 내가 오히려 악몽에 시달렸다. 그 무서운 꿈에 못 이겨 잠에서 깨고도 한동안 꿈과 현실이 구분되지 않아서 옆에 잠든 엄마를 흔들어 깨우며 헛소리를 해댔다.

엄마… 죽자…. 우리 죽자….

총알이 빗발치고 대포알이 터지는 곳에서 죽지 않으려고 숨어서 벌벌 떠느니 차라리 모든 것을 끝내는 게 낫다고 생각한 모양이다. 겪지도 않은 전쟁의 공포는 나를 극한의 감정으로 몰아갔다가 꿈에서조차 놓아주지 않고 무섭게 쥐고 흔들었다. 잠에서 깨고 나면 온몸의 기운이 다 빠져나간 것 같았고, 그 생생한 장면을 생각하면 꿈이 아닌 듯했다.

햇빛이 쏟아지는 한낮에도 파란 하늘을 올려다보며 언제 저 하늘에 폭격기가 뜰까 두려웠다. 하나님의 큰 손이 내 위에 있는 저 하늘을 감싸주셨으면 좋겠다고 생각했다.

아니면 자다 깨서 내뱉은 헛소리처럼 빨리 이 세상을 떠나고 싶다는 생각이 간절했다.

현실과 동떨어진 불안 심리는 내 안의 피안성(彼岸性)을 더욱 강화시켰고, 기막히고 억울한 일을 보고 들을 때마다 비록 초등학생 꼬마였지만 마음속 회의가 이만저만이 아니었다.

세상에 이런 일은 도대체 왜 일어나는 걸까.
이런 세상에 내가 왜 살고 있는 걸까.

그때 내가 주워들은 답은 세상에 죄가 들어왔기 때문이란다. 그러면 죄는 언제 어떻게 이 세상에 들어온 거냐고 물으니 아담과 하와가 선악과를 먹었기 때문이라고 한다. 이 부분에서 내가 마주한 황당함과 절망. 나는 내가 느낀 그 공포의 강도만큼 황당했고 절망했다.

그럼 우리 책임이 아니잖아.

얼굴도 모르는 그 사람들을 찾아가자니 죽은 지 오래라 당장 책임지라고 따질 수도 없었다. 생각이 여기까지 미치면 자연스레 따라오는 논리가 있다.

하나님은 왜 선악과를 만들어놓으셔서
일을 이렇게 만드셨을까.
먹지도 못하게 하실 거면서 뭐 하러 만들어놓으셨나.

그러니 이 세상에 일어나는 모든 악행의 원인은 일차적으로 아담과 하와에게 있고, 더 근본적인 책임은 하나님께 있다는 결론을 내렸다. 그런데 또 도저히 그렇게 생각할 수가 없는 것이다. 세상이 이렇게 된 것을 다 하나님 탓이라고 하기에는 자신이 없었다. 내 논리는 뒤로 한 발짝 물러나서 아담과 하와 탓만 했다.

억울하다.

그들과 아무 상관도 없는 내가 그 두 사람의 잘못으로 이 몹쓸 세상에 던져졌다니.

○

아담과 하와는 선악을 알게 하는 나무의 열매를 먹었다.

그러면 그들은 선악을 알게 되었는가. 성경을 살펴보면 자신들이 둘 다 몸에 아무것도 걸치지 않고 있다는 사실을 알게 되었을 뿐이다(창 3:7).

전에도 그랬을 텐데 선악과를 먹고 난 다음에 그들은 상대방의 벗은 모습을 보고 질겁했고, 자신의 벗은 모습을 보이는 게 수치스러워서 허겁지겁 아무거나 손에 잡히는 대로 몸을 가리기에 급급했다.

열매 하나를 먹었을 뿐인데 그들은 달라졌다.

이 나무의 정체는 과연 무엇일까.

선악을 안다는 것이 무엇이기에 하나님께서 금하셨을까.

명령만 있을 뿐 해석은 없었다. 이 빈틈을 파고들어온 사탄은 하와가 왜곡과 의심의 눈으로 그 나무를 다시 보게 했고,

의심의 눈으로 바라보자 모든 것이 새롭게 보였다. 결국 하와는 그것을 먹어도 죽지 않고 하나님처럼 될 거라는 말에 결단을 내린다.

잘 익은 열매라 무심코 잘못 건드려서 저절로 떨어진 건 아닐 것이다. 가지에 달려 있는 열매를 맨손으로 따기란 쉬운 일이 아니다. 하와는 그 열매를 먹고 하나님처럼 되고야 말겠다는 강한 의지를 가지고 따 먹었다.

이때 하와 개인에게 일어난 변화는 성경에 기록되어 있지 않다. 누가 보더라도 곧 죽을 사람처럼 변해버렸다면 아담은 그 열매를 받아먹지 않았을 것이다.

하와는 남편에게 열매를 주었다.

그녀에게 아무 변화가 없는 게 어떤 변화가 일어난 것보다도 아담에게 큰 충격이었을 것이다. 하와는 금지된 열매를 먹었지만 죽지 않고 살아 있다. 말씀이 이루어지지 않은 것이다.

그때 아담은 무슨 생각을 했을까. 이들 부부는 어떤 대화를 나눴을까. 사탄의 말대로 죽지 않았으니 그의 말대로 하나님처럼 될 수 있다고 생각했을 것이다. 하나님처럼 되고 싶다는 소망은 지금의 우리처럼 이 최초의 인간들에게도 가장 강렬한 본성이었다.

아담까지 먹고 나서야 비로소 그 열매를 따 먹은 행동의 결과가 그 자리에서 나타나기 시작했다. 그것은 개인의 변화가 아니라 관계의 변화였다.

아담과 하와는 달라졌다.

부부였던 그들이 갑자기 벗은 몸을 서로에게 보이기가 싫어서 몸을 가린 건 그 순간만큼은 남남이 되어버렸음을 의미한다. 벗은 몸을 보이는 건 부부 사이나 동성의 부모 자식 사이에서나 가능하다.

그것도 기분 좋을 때나 그렇다. 사이가 조금만 틀어져도 보이고 싶지 않은 마음으로 변한다. 벗은 몸이란 내 감정을 이토록 예민하고 적나라하게 반영한다. '뼈 중의 뼈요 살 중의 살'(창 2:23)이었던 이들이 철저히 타인이 되어버린 순간. 그들이 동시에 직면한 감정은 하나님을 보고 싶지 않고, 외면하고 싶다는 것이었다.

서로에 대한 거부감과 하나님에 대한 거부감을 가진 채 몸을 숨길 곳을 찾아 들어갔다. 이들은 무엇을 두려워한 것일까. 죽지 않은 자신을 보면서 일이 어떻게 될지 기다려볼 만도 한데, '선악을 아는 것', '하나님처럼 되는 것'은 안중에도 없다. 다만 감당할 수 없는 감정에 휩싸여 공황 상태에 빠진 사람들처럼 자신을 가리고 숨기에 급급하다.

선악을 알게 하는 나무의 열매를 먹은 행동은 그들이 맺은

모든 관계를 깨뜨려버렸다. 이 나무는 아무래도 '관계'와 관련
이 있는 나무인가보다.

○

그렇다면 그들이 열매를 먹기 전의 동산으로 돌아가 보자.

하나님은 이 나무를 심으면서 무엇을 생각하셨을까. 최초
의 부부에게 이 나무의 열매만은 먹지 말라고 하셨을 때 하나
님이 의도하신 것은 무엇일까.

선악과를 먹지 말라는 조항마저 없었다면 동산에서 이들의
삶에는 어떤 제한도 없었다. 금지가 없는 삶. 무한한 자유처
럼 보이지만 조금 다른 각도에서 보면 어떤 위험도 발생하지
않도록 디자인되어, 주는 것만 받아먹으면 되는 삶이거나 무
책임하고 무관심하게 방치된 삶일 것이다.

후자는 아닐 테니까 이들의 삶은 잘 관리된 어항이나 새장
속 삶 아니면 우리 안의 삶일 수 있다. 그것은 무한한 자유가
있는 것이 아니라 단 한순간의 자유도 없는 삶이다.

관계와 자유.

이 두 개념은 서로 상관이 없어 보인다. 두 사람이 관계를

맺는 데 자유라는 개념이 왜 필요한가. 어떻게 필요하며 또 얼마나 필요한가.

이 질문에 대한 답은 '관계에 자유가 없다면…'이라고 가정해보면 금세 알 수 있다. 관계에는 그 관계를 거절할 자유가 필수적이다. 그렇지 않으면 소유와 속박일 뿐 제대로 된 관계가 아니다.

당시 열 살이었던 우리 막내딸도 이 설명을 듣고 '그건 질질 끌려 다니는 것'이라고 정확히 이해했다. 역설적이게도 관계를 맺을 때는 그 관계를 거절할 자유가 꼭 필요하다. 그렇다면 선악을 알게 하는 나무의 또 다른 이름은 하나님과의 관계를 거절할 수 있는 '자유의 나무', 이것이 아니었을까.

○

먹으면 죽는 나무, 그렇게 위험한 나무라면 높은 산꼭대기 절벽 위에 두시거나 거대한 폭포 아래 두시지, 왜 동산 한가운데 두셨을까.

왜 대규모 군락을 이뤄 근처에 가기만 해도 역겨운 냄새가 나거나 찌릿찌릿 전기가 흘러 가까이 가고 싶지 않게 만들지 않으셨을까. 큰 나무였다면 여자 혼자 사다리도 없이 열매를 딸 수 없었을 텐데, 만만하게 생긴 나무를 딱 한 그루만 만들어서 동산 한가운데 두셨다. 너무도 다가가기 쉽고 눈에 띄기 좋도록.

하나님은 이 나무 한 그루를 통해 무엇을 말씀하고 싶으셨을까. 무방비 상태로 서서 하나님이 만들어주신 동산에서의 삶을, 하나님과 맺은 관계를 거절하고 거부할 자유가 있음을 보여주는 이 나무는 하나님이 사람을 어떻게 생각하고 계신지 보여주는 것 같다.

사람은 정해진 배터리 용량만큼, 입력된 프로그램대로 사용되다가 소모되는 로봇 같은 존재가 아니다. 예쁘게 꾸며놓고 보면서 즐기는 인형 같은 존재가 아니었다.

인간이 인간을 위해 만든 AI 로봇에게 절대로, 조금도 주지 않을 그 자유. 생각하는 자유, 로봇 스스로 깨우쳐 획득할까 봐 두려운 그 자유. 선택의 자유. 거부할 자유. 하나님은 그것을 우리에게 주셨다.

자유를 주시되 어렵게 쟁취해야 하는 것이 아니라 다가서기만 하면 되도록 배려까지 해주셨다. 먹지 말라고 명령하셨지만 그 나무는 먹고 싶으면 먹으라고 말하는 것처럼 보일 정도다.

하나님이 그분 자신을 위해 사람에게 이 자유를 주신 것인가. 아니다. 사람을 위해 주신 것이다. 어리석어 보이지만 사랑은 그런 것이다. 사랑은 어리석고 바보 같은 것이다.

사랑은 오래 참는 것이고, 사랑은 자기의 유익을 구하지 않는 것이고, 사랑은 모든 것을 참으며 모든 것을 믿고 모든 것을 바라며 모든 것을 견디는 것이다(고전 13:4-7).

선악을 알게 하는 나무의 진정한 이름은 '사랑의 나무'인가 보다. 하나님은 동산 가운데 사랑의 나무를 심으셨다. 사랑을 심으셨다. 하나님이 사람을 사랑하시되 어떻게 사랑하시는지 그 사랑의 방법과 색깔을 담아 한 그루 나무로 나타내셨다.

아담과 하와는 왜 이 사실을 알지 못했을까.

○

그들은 다른 종류의 피조물이 된 것과 다름없었다.

종(種)의 변화라고나 할까. 이 변화를 '타락'이라고 하는데 자세히 살펴보면 한 존재가 단순히 타락했다기보다는 한 존재가 완전히 다른 존재가 된 것으로 보인다.

처음 창조된 존재가 아니라 완전히 다른 종의 피조물로 변해버렸다. 그래서 그들의 후손인 우리는 처음 아담과 하와의 후손이 아니라 타락 이후 완전히 다른 종이 된, 이름을 붙이자면 '죄인 된' 그들의 유전자를 물려받는 후손이다. 그래서 '죄는 아담과 하와가 지었는데 왜 우리까지 죄인이라고 하느냐'는 내 항변이 성립되지 않는다.

타락 이전에 그들은 서로 사랑했다.

그러나 죄인이 된 그들은 더는 서로 사랑하지 않았다. 그들, 곧 우리의 특징은 죽도록 자기만을 사랑하는 것이다. 이것이 이 종의 특징이다. 그렇다면 세상이 자기 사랑으로 넘쳐날 것 같지만 그렇지도 않다.

자기를 사랑하는 건 곧 타인을 사랑하지 않는 것이다. 타인에게 사랑을 주지 않으니 그 타인은 사랑받지 못하고, 사랑을 받아보지 못해서 또 다른 타인을 사랑할 줄 모른다. 결국에는 사랑이 뭔지도 모르게 되어 자신도, 타인도 사랑할 줄 모른다. 자기 사랑은 사랑에 대한 무지와 불가능을 낳고, 자기 존재에 대한 무지를 낳으며, 결국 자기 사랑도 불가능하게 만든다.

사랑이 무엇인지 모르는 우리에게 하나님은 서로 사랑하라고 하셨다. 그리고 사랑의 본을 몸소 보이셨다.

우리를 향한 그분의 사랑 이야기는 그 사랑이 깨어진 자리에서도 멈추지 않았고, 동산 중앙에 있던 한 그루 나무에서 끝고다 언덕 위의 십자가로 끝없이 이어졌다.

　　사랑을 모르는 나를 위해 그분이 지신 십자가.

　　사랑할 수 없는 자가 사랑해야 하는 내가 진 십자가.

　　내가 그리스도와 함께 십자가에 못 박혔나니

　　그런즉 이제는 내가 사는 것이 아니요

　　오직 내 안에 그리스도께서 사시는 것이라

　　이제 내가 육체 가운데 사는 것은

　　나를 사랑하사 나를 위하여 자기 자신을 버리신

　　하나님의 아들을 믿는 믿음 안에서 사는 것이라 갈 2:20

서로
사랑하면

청년들과 '결혼과 가정'이라는 주제로 오랫동안 독서 모임을 해왔다. 믿음의 선배들이 쓴 주옥같은 책들을 함께 읽고 토론하고 경험을 나누며 지혜를 찾아가는 시간이었다.

가족이 해체되고 있는 이 시대에 기꺼이 자신의 경력을 내려놓고 아내로, 어머니로 살면서 하나님나라의 가정을 세우고 다음 세대를 키우고 이어가는 일을 소명으로 알고, 배우고자 하는 자매들이 있었다. 또 믿음의 가장, 신실한 남편, 사랑 많은 아버지로 준비되고자 하는 형제들이 있었다. 썩어질 한 알의 밀알로 사는 것을 받아들인 보석 같은 사람들이었다.

그 모임에서 내가 가장 자주 받은 질문이 있다. 조심스럽고도 진지한 눈빛으로 그들은 내게 물었다.

나의 배우자를 어떻게 알아봅니까?
나의 배우자라고 어떻게 확신합니까?

그들의 눈빛 너머 가득한 기대를 보면서 생각했다.

"하나님이 짝지어주신 것을 사람이 나누지 못할지니라"(마 19:6).
예수님이 주신 이 로맨틱한 말씀은 마치 신화 속의 예언처럼 이들
의 환상 속에서 메아리치고 있구나.

'내 반쪽' 혹은 '내 운명의 짝'과 나는 태초부터 정해져 있으
니 서로 만나려면 실수 없이 선택해야 한다는 생각에 그 방법
을 묻는 것이다. 내가 그걸 안다면 얼마나 좋겠는가. 내 대답
은 늘 이런 식이었다.

그런 건 없습니다. 누구를 만나도 결혼은 똑같습니다. 지나가는
사람 아무나 붙들고 결혼을 하나, 내 운명의 상대인 것만 같은
그 사람과 결혼을 하나 두 사람이 하나가 되기 위해 치러야 하
는 대가는 똑같을 거예요. 그러니 '내 짝으로 정해진 그 사람을
못 알아보면 어떡하나' 하는 비기독교적인 걱정일랑 내려놓고 다

시 책을 읽읍시다.

교회 안의 청년들은 에덴동산에서의 아담과 하와를 멘토로 삼고 그런 가정과 부부, 관계를 소망한다. 결혼으로 낙원이 도래하여 거기서 완벽히 행복할 거라고 생각한다. 그렇기에 상대를 고르고 정하는 일에 심혈을 기울인다.

결혼 상대를 정하는 일은 중요하지만 그것이 모든 문제를 푸는 열쇠라고 생각하는 건 오해요 착각이다. 그런데 이 착각 위에 가정을 세우는 청년들, 특히 자매들이 굉장히 많다.

나를 낙원으로 데려갈 상대란 없다.

이건 아담과 하와도 하지 못한 일이다. 땀 흘리는 수고를 해야 하는 남편과 해산의 고통을 감내해야 하는 아내가 되었으니 결혼이야말로 추방된 삶의 실사판인 것을!

충격을 줄이고 대처할 방법을 가르쳐 가정과 자신을 지키게 하려 해도 이들의 환상은 좀처럼 가라앉지 않는다. 상대에게 모든 것을 걸었기에 아직도 낙원에 입장하지 못하는 건 선택을 잘못했기 때문이라고 여기는 것이다. 그리고 참으로 어리석게도 선택의 여지가 있던 때로 돌아가 다른 상대를 대입해본다. 상상 속이니 물론 낙원으로 쉽게 갈 수 있다.

○

　에덴동산에서 쫓겨난 아담과 하와는 어떤 날들을 보냈을
까. 쫓겨나면서 그때까지의 기억도 다 잃어버렸을까. 그들이
처음 만난 순간과 충만했던 사랑, 벗은 몸을 서로에게 보이고
싶지 않았던 그 감정은 어떻게 됐을까. 뼈 중의 뼈요 살 중의
살이라고 고백하던 남편이 사건의 모든 책임을 자신에게로 돌
릴 때, 면전에서 그 말을 듣는 하와의 기분은 어땠을까.

　그들은 서로 사과했을까. 그렇게 말해서 미안하다고. 아니
라고. 미안한 건 나라고. 내가 어리석어서 당신까지 이렇게 만
들었다고. 그렇게 화해가 이뤄졌을까.

　사과의 말을 주고받는 것으로 해결될 일이 아님을 매 순간
느낄 때마다 그 절망을 어떻게 감당했을까.

　그들이 먹은 열매에 대해 얼마나 많은 생각을 했을까.

　하나님이 '처음 주셨던 말씀'과 사탄의 속임수, 그리고 이어
진 자신들의 결정을 수없이 되돌려보면서 그들도 알지 않았을
까. 그 나무의 진짜 이름을.

　하나님의 진심을 깨닫고 그들은 얼마나 괴로웠을까. 어쩌
면 이 괴로움 덕분에 하나님이 '다시 주신 말씀'을 자신의 가슴
에, 서로의 가슴에 새기고 또 새겼을지도 모르겠다.

세상에 단 둘, 그것도 부부로 살면서 비참하게 깨어진 관계를 회복하려고 노력하지만 정서적 분리, 에덴과의 분리 그리고 하나님과의 분리를 고스란히 겪으며 세상에 나 혼자라는 고독과 고립의 감정으로 각자 병들어갔을 것이다.

○

에덴의 삶에서 구석기 삶으로 옮겨진 그들.

하나님의 형상을 닮아 빛나던 모습은 사라지고 차가운 짐승의 가죽을 걸치지 않고는 도저히 서로의 앞에 설 수 없었다. 굶지 않기 위해 나무에 오르고 숲을 뒤지면서 머리는 봉두난발이 되어 짐승의 털보다도 못하게 엉켜 있고, 새까맣게 때가 낀 손으로 먹을 걸 찾느라 손톱은 닳고, 어깨도 굽고, 뼈마디는 툭툭 불거졌을 것이다.

동굴에서 추위와 어둠을 피해 지내는 밤, 어쩌다 눈이라도 마주치면 흡사 괴물이라도 본 양 서로 섬뜩하지 않았을까. 얼른 고개를 돌려 밤하늘로 시선을 옮기지 않고는 추방의 삶을 견디기가 힘들었을 것이다.

기어이 아침은 다시 찾아오고 또 하루를 살아야 하는 그들. 서로를 불쌍히 여기지 않고, 자신들이 먹은 열매의 진짜 이름을 깨닫고 하나님이 주신 약속에 매달리지 않았다면 가시덤불과 엉겅퀴 사이에서 목숨을 부지할 힘이 남아 있지 않았을 것이다.

○

아담은 그들이 잃어버린 것, 아니 소유했으나 빼앗긴 것을 그대로 기억한 채 천 년 가까운 생을 살았다.

이 세월 동안 그가 낳은 자식들과 그 이후에 태어나는 사람들을 보면서 그들의 본질과 본성, 그 삶에 사랑 없음과 하나님을 찾지 않음을 발견했을 것이다. 사탄이 다가와서 속삭이지 않고, 선악을 알게 하는 나무의 열매를 먹지 않아도 자기들이 알아서 죄를 향해 달려가며, 죄를 좋아하고, 죄에 쉽게 끌리며 죄를 사랑하는 그들을 지켜봐야만 했을 것이다.

이제는 누구의 눈에도 보이지 않고, 누구의 귀에도 들리지 않게 된 하나님의 존재를 아담은 어떻게 간직했을까. 하나님이 살아 계시며 사람을 지으신 것과 그분이 사람과 어떤 관계를 맺고 어떤 약속을 하셨는지 사람들에게 계속 들려주었을 것이다. 그들이 "그렇다면 지금 왜 이렇게 되었는가?"라고 물을 때 하와 때문이라고 변명하던 자신을 떠올리며 가슴이 철렁 내려앉지는 않았을까.

여자의 후손을 기억하며 그가 과연 누구일까, 천 년 동안 얼마나 기다리고 찾았을까. 하나님은 안중에도 없이 사는 사람들이 "하나님이 어디 있는가. 있으면 내 눈에 보여 보라"라고 할 때 그는 어떤 기분이었을까.

"당신이 받은 그 약속은 언제 이뤄지는가?"라고 묻는 사람들, 몇십 년도 아니고 몇백 년이 지나 천 년이 되는 동안에 이루어지지 않는 약속을 기다리는 아담을 향해 집요하게 하나님이 계신 증거를 대보라는 그들에게 "지금은 볼 수 없지만 분명히 내가 그분과 함께 있었고, 그분은 우리와 다른 전능하신 하나님이며, 그분이 이 세상을 다 지으셨고 우리를 만드신 분"이라고 말했겠지만, 그래 봐야 아담 역시 우리처럼 증인일 뿐 보여줄 증거는 가지고 있지 않았다.

그는 하나님을 보았으나 이제 다른 사람들과 다를 바 없음을 자신이 잘 알았기에 "나 자신이 증거"라는 말도 하지 못했을 것이다. 그에게 있는 것은 우리처럼 믿음밖에 없었다. 약속에 대한 믿음, 말씀에 대한 믿음.

아담은 또 보았을 것이다.

전쟁과 질병과 죽음 앞에서 공포와 두려움과 무기력과 불안에 빠진 인간들이 무언가에 의지해 버텨보려는 것을. 눈에 보이는 태양과 나무와 돌과 짐승이나 그 형상, 아니면 사람이라도 세워놓고 엎드려 비는 모습을 보며 그 충격적인 어리석음에 구역질이 났을 것이다. 또 이들이 보이지 않는 하나님 대신 보이는 무언가를 의지하면서도 철저히 여호와 하나님만은 비켜가는 것을 보았다.

이때 아담은 깨닫지 않았을까. 그들이 간절히 비는 것의 본질은 이 모든 능력 밖의 현상들을 컨트롤하여 그들이 원하는 대로 하려는 마음이며, 그 마음의 더욱 깊은 본질은 자신이 에덴에서 하와가 내미는 나무의 열매를 받아들었을 때의 마음과 동일함을 간파했을 것이다.

하나님처럼 되고 싶다는 인간의 마음에 동일하게 깔려 있는 이 본성이, 바로 자신들이 에덴에서 가졌던 마음과 같음을 보면서 이들의 삶과 존재 자체가 죄며, 정녕 죽을 거라는 말씀이 얼마나 정확하게 이루어지고 있는지도 보았을 것이다.

이 구원의 본질은 오직 여자의 후손을 보내겠다는 약속에 달려 있다. 이 약속에 대한 믿음이 그를 살게 했을 것이다. 원래의 목적과 상태를 아는 그가, 그것과 완전히 벗어난 상태와 목적으로 사는 사람들 틈에서 사는 것 자체가 그에게는 가장 큰 벌이 아니었을까. 이 천형(天刑)을 안고 살았던 아담에게 정녕 죽으리라는 말씀이 이루어지는 순간이 왔다. 그러나 그때 선고받은 죽음은 벌이었지만, 이제 아담에게 죽음은 가장 간절한 선물이 되었다.

그는 눈을 감으면서 에덴에서 눈뜨기를, 이곳을 벗어나 원래의 상태로 돌아가기를, 다시 하나님을 만나기를, 이제는 그분 앞에 부끄럼 없이 서기를 얼마나 간절히 바랐을까.

○

결혼은 낙원으로 가는 문이 아니다.

무엇을 잃었는지 아는 사람들이 그것을 찾을 날을 꿈꾸며 함께 버티는 신랄한 현실이다. 아담과 하와도 이렇게 살았다. 우리가 잃은 것은 무엇인가. 에덴에서의 안락한 삶인가. 아직도 그렇게 생각한다면 당신에게 결혼은 아주 힘들 것이다. 그런 삶은 없기 때문이다. 우리가 잃어버린 건 하나님이고, 하나님과 함께하는 삶이다. 그것은 결국 사랑이다. 우리는 서로 사랑하는 것을 잃었다.

결혼을 통해 하나님을 찾고 동행하며, 상대를 사랑하기 위해 애쓴다면 결혼을 잘한 것이다. 모두가 반드시 결혼을 해야 하는 건 아니다. 하나님과의 동행이 결혼을 통해서만 이뤄지는 것은 아니기 때문이다. 그러나 힘들어도 사랑하는 삶을 꿈꾼다면 결혼을 하라. 사랑하는 법을 배우기에 가정보다 더 좋은 곳은 없다.

사랑하는 자들아
하나님이 이같이 우리를 사랑하셨은즉
우리도 서로 사랑하는 것이 마땅하도다
어느 때나 하나님을 본 사람이 없으되
만일 우리가 서로 사랑하면
하나님이 우리 안에 거하시고 그의 사랑이
우리 안에 온전히 이루어지느니라 요일 4:11,12

어린양의
죽음

내가 어렸을 때 개와 고양이는 요즘과는 전혀 다른 모습으로 살았다. 다들 아파트보다는 쓰러져 가도 지붕이 있는 주택에 살았으니 개를 키우는 집이 많았고, 족보도 근본도 없는 이름이나 있으면 다행인 잡종, 그러니까 똥개가 대부분이었다.

먹고 사는 게 다 같이 힘든 시절이었으니 개나 고양이도 존재감 없이 살았는데 나는 그게 동물들의 당연한 삶으로 알고 자랐다. 요즘처럼 개나 고양이에게 산책이나 미용을 시켜준다거나 예방접종을 한다거나 무엇을 입히고 먹일까 애정 깊은 고민을 하는 주인들을 본 적이 없었다.

한 지붕 아래 사는 주인 식구와 매우 가까웠으나 개는 개의 처지가 있고, 그것을 넘어서는 순간 그 개는 각오해야 했다.

우리 집 바둑이는 종일 대문 옆 개집에 묶여 있었다.

문틈으로 지나가는 사람들의 발만 지루하게 쳐다보다가 낯선 이가 문 앞에 서기라도 하면 자기가 '라이온 킹'이라도 된 양 몸을 일으켜 이빨을 드러내고 으르렁거렸다.

식구들이 귀가할 때면 반갑다고 꼬리를 세차게 흔들지만 대부분 무시하고 지나갔다. 자기 좀 봐달라고 앞발로 내 다리를 붙들고 유난히 설쳐대는 날이면 치마 입은 여고생이던 나도 바둑이를 떨어내고 지나갔다.

할머니는 항상 소식(小食)을 하셔서 다른 식구들보다 일찍 수저를 놓으셨는데, 곧장 더러운 개 밥그릇을 들고 상으로 오셔서 남은 음식을 거둬 가셨다. 제발 그러지 마시라고 하면 짐승이라고 괄시하면 벌 받는다는 교훈을 엄중하게 남기시며 아들 내외와 손주들의 밥맛이 떨어지는 건 안중에도 없으셨다.

바둑이는 할머니가 챙겨주신 밥에 코를 박고 정신없이 먹어야 했다. 짜다고, 맵다고, 탔다고 조금이라도 남겼다간 또 각오를 해야 했다. 한여름 수돗가에 엄마가 절여놓은 김칫거리가 제 코에도 맛있었는지 '이건 내 것!'이라고 영역 표시를 하다가 두들겨 맞고 깨갱깨갱 물러나기도 했다.

바둑이가 여러 마리의 새끼를 낳은 어느 해 겨울이었다. 어미가 새끼에게 젖을 주고 돌보느라 스트레스를 받는다나? 엄마는 젖을 빠느라 제 어미에게 딱 달라붙어 아우성인 새끼들 중 몇 마리를 데려다 따뜻하게 데운 우유를 숟가락으로 떠먹였다. 동물을 사람처럼 대하는 것을 본 최초의 순간이었다.

그러나 이렇게 키운 강아지들도 때가 되면 비바람이 몰아쳐도 현관문 밖으로 나가야 했다. 며칠 동안 들어오고 싶어서 낑낑거리며 문을 긁어도 내다보는 사람이 없었다.

어미는 묶여 있어도 새끼들은 마당을 활보하며 놀았다. 내가 대문이라도 열고 들어오면 강아지들은 반갑다고 캉캉 짖어대며 꼭 웃는 것 같은 표정으로 한꺼번에 달려들었다. 내 양쪽 다리에 네다섯 마리씩 좋다고 매달리면 발걸음을 뗄 수도 없어서 나는 한 마리씩 안아서 쓰다듬어주었다.

그러나 또 때가 되면 한 마리씩 조용히 제 갈 길로 갔고 나도 누구네 집에 강아지들이 갔는지 일일이 묻지 않았다. 바둑이도 제 옆에 새끼 한 마리는 남겨 두어서인지 주인을 원망하는 것 같지 않았다.

이 바둑이가 모두 하나의 개라고 생각지 마시라. 내가 아주 어렸을 때부터 대학생이 될 때까지 우리 집 마당을 거쳐 간 개들의 이름은 다 바둑이었다.

○

사람과 동물의 뛰어넘을 수 없는 차이를 어려서 체득한 나는, 사실 성경을 읽으면서도 제물로 바쳐진 짐승의 죽음에 대해 크게 거부감이 들지 않았고, 동물을 사람으로 투영해서 생각하지 않았다.

생명을 가진 한 마리 짐승이 마트 정육코너에 안심이나 등심이란 이름으로 포장 진열되는 전체 과정을 본 적도 없기에 성경을 읽을 때도 제단 위에 바쳐진 제물에 대한 이미지는 조용히 숨만 거둔 성별된 주검 정도였다.

그러다 엄마가 되었는데 큰아들이 자랄수록 동물 사랑이 유난했다. 개나 고양이를 키우자, 햄스터 아니면 거북이나 소라게라도 키우자는 요구가 끊이지 않았다. 하지만 나는 갖가지 이유를 대며 동물을 집에 들이지 않았다.

냄새에 민감한 남편이 집 안에서 동물 키우는 걸 싫어했고, 나는 강아지를 뺀 모든 동물이 무서웠다. 부모를 잘못 만나 간절한 소원을 못 이룬 아들은 대신 TV에 동물이 나오면 흠뻑 빠져서 어여쁜 아기나 귀여운 인형을 보듯 했다. 혀를 날름거리며 나무를 감아 오르는 징그러운 비단구렁이를 보면서도 너무 귀엽다며 큰 소리로 웃을 때 내가 느낀 이질감이란!

당연히 아이는 동물원에 가는 걸 가장 즐거워했다. 미안한 마음에 시간 날 때마다 자주 데리고 갔지만, 한낮에 찾아간 동물원의 동물들은 대부분 엎드려 자거나 웅크린 채 눈만 뜨고 있거나 천천히 걸으며 돌이나 풀을 주둥이로 툭툭 건드려 보는 게 전부였다.

나는 냄새도 싫고 재미도 없어서 대충 훑어보고 지나가고 싶었지만 아들은 난간을 붙잡고 떨어질 줄 몰랐다. 좀 더 보고 가자고 계속 졸랐다. 둘째가 자라서 그 난간에 나란히 붙어서 깔깔 웃는 시간 동안 나도 어쩔 수 없이 그 옆에서 뭐가 그리 귀엽고 재밌는지 아이들의 이야기를 열심히 들었다.

이해하기 어려운 동물들의 몸짓과 표정을 보면서, 혹은 박제처럼 꼼짝 않고 있는 걸 보면서도 아이들은 많은 영감을 받는 것 같았고, 동물을 감상할 줄 아는 안목이 있는 것 같았다. 말없이 그들을 오래 바라보기도 하고, 행동을 해석하면서 "멋지다", "귀엽다!" 하며 감탄했다. 비록 소통은 불가능했지만 아이들에게 동물들은 그 자체로 강력한 메시지였다.

스물네 살 큰아들의 꿈은 자기 집 뒷마당에 동물원을 하나 들이는 것이고, 열네 살 막내딸의 장래 희망은 수의사, 동물 조련사, 애견 카페 주인, 아쿠아리움 수중 청소부를 수시로 오간다. 이런 아이들을 키우다 보니 나도 이제는 아이들과 동물원에 갈 때가 제일 행복하다. 그래서 아직도 가족끼리 동물원을 찾아다닌다. 동물원에 관한 수많은 에피소드로 무장한 채 정신없이 들여다보는 나와 아이들에게 "이제 그만 다른 데로 가보자"라고 말하는 남편은 야속한 사람이 되었다.

이렇게 변해서였을까. 어느 날 성경을 읽는데 제물이 된 짐승의 죽음이 조금 다르게 다가왔다. 나는 동물원 난간에 매달린 우리 아이들이 되어 그 성경 속으로 들어가 보았다.

○

하나님은 모세에게 율법을 주시면서 그분 앞에 어떤 식으로 나아가야 할지 자세히 가르쳐주셨다. 특별히 죄를 고하고 사하심을 얻고자 할 때 집에서 키우던 흠 없는 어린 양을 끌고 가서 속죄 제물로 하나님께 바쳐야 했다. 양이라고 하니까 양을 키우지 않는 우리로서는 감이 좀 멀다.

느낌이 확 오려면 양 대신 집에서 기르는 애완견을 생각해보면 쉽다. 양을 늘 가까이에 두고 어릴 때부터 돌보던 이스라엘 백성이었다. 그 양이 처음에는 순순히 따라나섰겠지만 도살장의 풍경과 다를 바 없던 성막 앞 제단 가까이 오면 아무리 말

못 하는 짐승이라도 그 자리가 어떤 자리인지 눈치 챘을 것이다. 안 끌려가려고 버티고 달아나려고 발버둥 치며 비명을 질렀을 것이다. 만약 내 아들이 집에서 고이 키운 가장 예쁘고 귀여운 강아지를 끌고 가서 제 손으로 죽이고 배를 갈라 내장을 다 꺼내고 불 피운 제단 위에 숯처럼 태워지는 것을 본다면? 그 아이의 마음을 한번 상상해 보았다.

내 아들이 그렇게 처음으로 제사를 드리고 왔다면 그에게 속죄의 기쁨이 있었을까. 아이는 나를 보자마자 내게 기대어 큰 소리로 울었을 것이다.

나는 아이가 받았을 충격을 이해하고 쉽사리 말을 붙이지 못했을 것이다. 아이는 살육의 충격을 안고 몇 날 며칠을 제 방에 틀어박혀 식음을 전폐했을 것이다. 나는 눈물, 콧물로 얼룩진 형편없는 얼굴로 이불을 뒤집어쓴 아들의 등을 며칠 후에나 조심스럽게 매만질 수 있었을 것이다.

이제껏 좋으신 하나님, 사랑이 많으신 하나님으로 알고, 엄마의 하나님을 자신의 하나님으로 의심 없이 받아들였던 아들이지만, 첫 번째 제사를 통해 어쩌면 이 모든 것을 거부하지 않았을까. 며칠 만에 나는 간신히 아이와 대화를 시작할 수 있었을 것이다.

아들은 내게 묻고 또 물었을 것이다.

왜 하나님 앞에 나갈 때는 이런 충격적인 죽음이 있어야 하는지. 그 비통한 발악과 참혹한 도살의 현장이 내가 하나님을 만나는 자리인가. 이 모든 것이 내게 죄가 있기 때문이라니.

도대체 죄란 무엇인가. 내가 그렇게 큰 죄를 지었는가. 아무리 짐승이지만 마음과 마음으로 교감했던 존재를 그렇게 죽여야만 하나님 앞에 가서 설 수 있다니.

다시는 이런 일을 겪고 싶지 않다. 다시는 이런 살육의 현장에 가고 싶지 않다. 다시는 하나님께 제사드리러 가지 않겠다. 그는 내게 따져 물으면서 또다시 절규했을 것이다.

내가 도대체 무슨 죄를 저질렀습니까?

나는 무슨 얘기를 해줄 수 있을까. 성경에서는 남자만 제사에 참여할 수 있었으니 나는 경험할 수 없었겠지만 상상 속에서 첫 제사를 드린 사람이 되어본다.

○

첫 제사의 충격은 나로 하여금 나 자신을 생각하게 하는 계기가 되었다. 집에서 기르던 짐승을 죽이는 것이 내게도 충격이었지만 동물을 형제처럼 사랑하는 내 아들과 다른 성향이었기에 그 죽음 자체에 빠져 있지는 않았다. 대신 나는 나 자신을 거칠게 몰아세웠다.

이 죽음의 책임은 내게 있다.
아무 죄 없는 짐승이 나 때문에 죽었다.
이제 다시는 죄를 짓지 않겠다.
죽음을 보지 않고 하나님 앞에 서겠다.

비장한 결심을 하고 율법이 정한 죄를 짓지 않고, 하나님의 말씀을 다 지키려고 이리저리 피하고 조심 또 조심해본다. 하지만 죄를 짓지 않고 사는 건 숨을 쉬지 않고 사는 것과 같음을 깨닫는다. 하나님은 행동의 죄만 보시는 게 아니라 마음의 죄까지 보시기 때문이다.

다시 하나님 앞에 가려면 내가 어떻게 노력하고 발버둥 쳤는지는 상관없이 또다시 기르던 것 중에서 가장 예쁘고 흠 없는 강아지를 골라서 똑같이 불태워 죽여야 한다.

내가 얼마나 노력했는데…. 처량하게 울부짖는 소리가 들리는 것 같고 칼에 찔리고 각이 뜨이고 사지가 갈라지는 모습이 눈앞에 보이는 것 같아서 완벽하게 율법을 지키려고 얼마나 노력했는데 말이다.

내가 얼마나 달라졌는지, 얼마나 완전해졌는지는 율법은 신경 쓰지 않았다. 노력에 따른 예외 조항 같은 건 애당초 있지도 않았다.

하나님 앞에 서려면 어차피 양을 죽이고 가야 했다. 이것이 하나님의 생각이다. 그 번제의 자리에 무너져 내려 머리를 움켜쥐고 괴로움에 절규하며 나는 무엇을 배워야 했던가.

아!
나는 어떻게 해도 죄에서 벗어날 수 없구나.

가장 귀엽고 예쁜, 흠도 없고 점도 없는 어린 짐승은 이 저주받은 운명을 대신 지고 갈 것이다. 또다시 제단 앞에서 내 손으로 직접 죽이면서 깨닫는 건, 나는 죄에서 벗어날 수 없다는 사실이었다.

나는 아들에게 이 이야기를 해주었을 것이다.

아들아,
네 힘으로는 죄의 문제를 해결할 수 없단다.
네게 아무리 소중하고 귀한 강아지라고 해도
그것을 죽이고 또 죽여도 이 죄를 해결할 수 없다.

하나님이 너를 부르실 때,
네가 하나님 앞에 서야 할 때,
네 죄를 대신 진 제물은 죽어야 하고
그 죽음 후에 너는 하나님 앞에 나갈 수 있단다.

하나님은
이 방법을 통해 사람을 만나주시고,
이 방법을 통해 죄와 사람에 대해 알도록 하셨구나.

아들이 혹시 내게 물었을까.
어떻게 하면 죄에서 벗어날 수 있는 거냐고.

○

아담과 하와의 수치심을 가려주기 위해 짐승을 죽여 그 가죽으로 옷을 지어주신 하나님. 선악을 알게 하는 나무의 열매를 먹은 대가, 예고된 죽음은 아담과 하와 대신 한 짐승에게 찾아왔다. 그들은 그 차디찬 주검을 벗은 몸 위에 걸쳐야 했다. 무두질이 완벽하게 끝난 깨끗한 가죽옷이 아니었을 것이다. 아담이 이름을 지어준 동물 중 하나였을 텐데 이 얼마나 소름 끼치는 착복식(着服式)인가.

그들은 자기들의 불순종 때문에 대신 죽임을 당하는 짐승을 봐야 했다. 하나님이 입으라고 주신 그 주검을 몸에 걸치다가 낯선 차가움에 놀라 소름이 끼치도록 끔찍해서 벗어던지고 싶었을 것이다. 하지만 벗은 몸을 보여야 하는 수치심이 더 끔찍해서 다시 입을 수밖에 없는 자신이 얼마나 저주스러웠을까.

하나님은 왜 이렇게 하셨을까.

모든 것이 깨져버린 이때, 이들에게 이렇게까지 해서 옷을 입히신 목적은 무엇일까. 에덴에서 내쫓고 그들을 버리실 작정이셨다면 군이 한 생명을 죽이면서까지 옷을 입히실 이유가 있었을까.

사람의 마음이 변했고, 그에 따라 모든 게 변했지만 사람을 향한 하나님의 마음은 달라지지 않았다. 선악을 알게 하는 나무를 동산 가운데 심으셨던 하나님의 마음은 변함이 없었다.

아담과 하와와 뱀의 대질 심문이 이뤄지던 자리. 변명만 늘어놓는 아담과 하와 앞에서 하나님은 스스로 여자의 후손이 가져올 뱀의 완전한 패배를 선언하심으로 역사가 시작되기도 전에 역사의 결말을 알려주셨다.

에덴에서 쫓겨나는 그들을 위해 짐승을 죽여 옷을 만들어 입히시며 그들의 수치심을 가려주셨고, 그들의 후손에겐 짐승에게 손을 얹고 죄를 전가한 뒤 그 짐승을 죽이면 그의 죄는 보지 않고, 그의 제사를 받겠다고 하셨다.

사람을 향한 이 지독한 편애는 언젠가 다시 얼굴과 얼굴을 볼 수 있는 완전한 회복을 품은 사랑이 아니라면 설명할 길이 없다.

사랑은 여기 있으니 우리가 하나님을 사랑한 것이 아니요
하나님이 우리를 사랑하사 우리 죄를 속하기 위하여
화목제물로 그 아들을 보내셨음이라 요일 4:10

기적의
주인공

내가 대학에 입학한 첫해 가을이었다.

할머니가 아흔의 연세로 돌아가셨다. 별난 할머니로 인해 집안에도, 내 마음에도 늘 그림자가 드리웠지만 도무지 해결될 것 같지 않았다.

할머니가 돌아가셔야만 풀릴 문제 같았으나 할머니는 갈수록 힘이 펄펄 나셨다. 내가 병뚜껑을 못 열어 낑낑거리면 단번에 비틀어 따주셨고, 무거운 물건을 옮기고 있으면 어디선가 나타나 도와주실 정도였다.

동네 마실 가셨다가 우리 집 대문이 잠겨 있으면 곧장 뒷집으로 가서 담장을 넘기도 하셨다. 머리가 하얗게 센 할머니의 활약은 동네 아줌마들 사이에서도 유명했다. 할머니는 힘을 쓰거나 분을 풀 때 조금도 주저함이 없으셨다.

그 성화가 극에 달하면 고향에서 막내 고모가 내려와 할머니를 모셔갔다. 올케인 우리 엄마를 구조하러 온 거였다. 그렇게 일 년에 한두 번씩 고모 댁에 다녀오셨는데 그해 고모와 고향에 가셨다가 갑자기 기력이 떨어져 자리에 누우신 후 끝내 못 일어나시고 돌아가셨다.

할머니가 위독하다는 소식을 듣고 나도 따라나선 날, 밤늦게 도착한 고모 댁에는 짙은 안개가 끼어 있었고, 개 짖는 소리 하나 없이 사방이 조용했다. 할머니가 누워 계신 방에 혼자 들어가 보니 할머니는 그동안 내가 봐온 분이 아닌 아주 낯선 모습으로 누워 계셨다.

가까이 다가가 주름 깊은 거뭇한 이마와 익숙한 흰 머리칼을 만지며 할머니를 불러도 눈도 뜨지 못하고 대답도 하지 못하셨다. 내가 태어났을 때부터 늘 곁에 계셨던 할머니, 내가 사랑하는 사람들을 괴롭혀서 미웠던 할머니, 내게는 더없이 다정했던 할머니, 그래서 사랑했던 할머니.

차라리 미워할 수만 있었다면! 그럴 수 없어서 너무 괴로웠고, 가끔 할머니가 이유 없이 불쌍해 보였다. '할머니의 죽음이 우리 집의 평화'라는 깨달음이 온 후로 더욱 괴로웠다. 지나온 모든 날, 모든 슬픔이 한꺼번에 몰려와 할머니 앞에 무릎을 꿇고 앉아서 나는 손수건에 얼굴을 묻고 한참 울었다.

할머니는 내가 온 걸 아셨을까. 내가 우는 걸 아셨을까. 그날 아무도 없는 그 방에서 나는 할머니를 용서하고 할머니에게 용서를 빌며 우리 사이에 오직 사랑만 남을 때까지 혼자 오래오래 울었다.

○

이 전송의 시간 덕분이었는지 나는 할머니가 돌아가신 뒤 찾아온 평화를 죄책감 없이 마주할 수 있었다. 비로소 아빠 엄마를 편한 마음으로 보았다. 두 분이 서로를 향해 편하게 웃는 얼굴도 보았다. 조심스러웠지만 아슬아슬하지는 않았다. 드디어 우리 집에도 완벽한 평화가 찾아왔다.

오빠들은 건실하게 자라주었고 외동딸인 나는 아빠 엄마의 기쁨이자 자랑이었다. 그러나 가슴 아프게도 이 평화는 오래가지 못했다. 아빠가 중병에 걸리고 말았다.

그때 내가 대학교 사 학년이었으니 아빠는 만 삼 년을 겨우 행복했다. 고단했던 아빠 인생에 병이 찾아온 타이밍이 너무 야속했다. 좀 더 행복했어야 했다. 아빠도 엄마도 좀 더 오래 행복했어야 했다.

나는 아빠가 가엾고 불쌍해서 하나님께 매달렸다. 기적을 내려주시라고. 하나님도 이 사람을 아시지 않느냐고. 그의 삶을 여기까지 보시고 병을 주시는 건 아니지 않느냐고 외쳤다. 천사 같은 아빠, 교회의 충성된 일꾼이었던 아빠, 이제 겨우 행복을 찾은 아빠에게 한 번만 기적을 베풀어달라고 기도하고 또 기도했다.

난생 처음 금식 기도도 했다. 힘든 줄도 몰랐다. 얼마나 울면서 매달렸는지 방언이 다 터져 나왔다. 매일 아빠 옆에서 예배를 드리며 찬양을 부르고 말씀을 읽었다. 졸업 이후 진로를 정해야 했지만 그때는 다른 어떤 것도 중요하게 느껴지지 않았다. 아빠가 낫는 것 외에 중요한 건 아무것도 없었다.

취직자리를 거절하고 유학 준비도 접고 간병인을 자처해서 엄마와 함께 병상을 지켰다. 하나님이 기적을 베풀어주시지 않을 이유가 없었기에 나는 기다리고 또 기다렸다. 기적이 온다면 우리 아빠 같은 사람에게 올 것이 분명했다. 그래서 매달리고 기다릴 수 있었다.

그러나 아빠의 병세는 속절없이 위중해졌고, 결국 자리에 누워 눈은 뜨고 있으나 아무것도 보지 못하셨다. 물 한 모금도 삼킬 수 없고, 어떤 대화도 나눌 수 없는 상태가 되었다. 발병한 지 사 년째 되던 해 겨울, 아빠는 돌아가셨다.

아빠를 잃은 상실감이 너무 컸다. 하나님이 낫게 하실 수 있다는 믿음과 기적을 바라는 내 맹렬한 요구로 시간을 보내느라 아빠를 보낼 어떤 준비도 하지 못했다. 헤어질 생각도 하지 않았다.

오직 기적만 바라던 내게 아빠의 죽음은 기적이 무엇인지, 내가 바란 건 과연 무엇인지, 성경에서는 가능하고 왜 우리에게는 불가능한지 고민하는 시간으로 이어졌다. 그리고 이 문제가 해결될 때까지 나는 조금도 물러설 수 없었다.

○

돌아가신 아빠의 손에 얼굴을 묻고 한참을 울다가 본 아빠의 얼굴.

투병하는 동안 표정이라곤 없던 굳은 얼굴에 엷은 미소가 번져 있었다. 그 미소는 어릴 적 낮잠을 청하시던 아빠 옆에 엎드려 노래라도 흥얼거리면 그 소리를 들은 아빠의 얼굴에 피어나던 작은 미소와 꼭 닮아 있었다. 그 미소를 보고 나서야 나는 깨달았다.

아빠는 이제 병에서 놓이셨구나.

삶에서 놓였고, 고생에서 놓이셨구나.

천국에 가셨구나.

천국이 아니고서야 어찌

어린 딸의 노랫소리를 듣던 때의 그 미소를

다시 가져올 수 있단 말인가.

지금 평안하고 행복하시구나.

하지만 기적에 대한 내 의문은 풀리지 않았다.

구약과 신약의 그 많은 기적은 왜 일어났을까.

그리고 아빠에게는 왜 일어나지 않았을까.

혹시 내 열심이 모자랐던 건 아닐까.

더 금식하고 더 간절하게 기도하고

더 회개했어야 했나.

○

   나는 침례교 집안에서 태어나 이십오 년을 살다가 장로교
집안으로 시집을 와서 장로교 목사의 아내가 된 지 딱 그만큼

의 시간인 이십오 년이 흘렀다. 여기서는 사도신경도 따로 외워야 했지만 존 칼빈의 《기독교강요》를 한 번쯤은 읽어야 장로교인이라는 명함을 내밀 수 있을 것 같았다.

《기독교강요》 해설서 하나를 사서 찬찬히 읽어 보니 내가 몰랐던 기독교 교리가 있다거나 생전 처음 듣는 내용이 있는 건 아니었다. 삼위일체 하나님과 교회에 대해 우리가 알고 있는 것을 특별한 용어와 비유를 들어 좀 더 자세히 설명하고 있었다. 종교개혁 시대에 심한 박해를 받던 프랑스 개신교도였던 존 칼빈이 프랑스 왕에게 자신이 믿는 바를 설명하며 오해를 풀려는 것이 목적인 책이었다. 이 책을 읽으며 나 역시 기적에 대한 오해를 풀 수 있었다.

성경에 기적이 많이 나와 있지만 기적은 하나님이 백성들의 간절한 염원과 애타는 기도에 선심으로 베푸신 이벤트가 아니었다.

바벨탑을 무너뜨리고, 노아 시대에 홍수를 일으키고, 홍해를 가르고, 매일 만나와 메추라기를 보내고, 반석에서 물이 나오게 하신 것은 모두 하나님의 생각과 뜻을 드러내시기 위함이었다. 누구를 겁주거나 누구의 소원을 들어주기 위해서 하신 일이 아니었다.

사람에게서 출발한 게 아니라 하나님에게서 출발한 하나님

중심의 사건들이었다. 성경 곳곳에 나와 있는 기적들이 어떤 이에게는 황당무계하게 보여서 성경이 유치한 책으로 치부되기도 하고, 또 어떤 사람은 자기에게도 그런 일이 똑같이 일어나기를 간절히 바랄 것이다. 그러나 이것은 사람의 방식으로 생각할 일이 아니다.

하나님은 하나님 되심을 드러내기 위해서 기적을 베푸셨다. 그분의 약속이 성취됨을 믿게 하고, 믿는 자들에게 믿음을 더 하시려고, 택하신 자들에게 믿음을 주시려고 기적을 베푸셨다. 이것이 기적의 목적이었다.

나는 머리를 한 대 맞은 것 같은 기분이 들었다. 그렇다면 꼭 병이 나아야 했던 것은 아니었나. 누구를 위해 병이 나아야 했나. 아빠의 병이 나아야만 하나님이 우리의 하나님이 되시는 증거인가. 그건 확실히 아니었다.

천국에 대한 소망이 왜 없었는가.
그것은 불효이기만 한 것인가.
아빠는 왜 천국을 사모하지 않으셨을까.
우리는 정말 천국을 믿었을까.
하나님의 말씀을 우리는 정말 믿었을까.

내가 구했던 건 누구를 위한 기적이었나. 오직 우리 집의 행복, 아빠의 행복을 위한 기적이었다. 우리의 소원과 하나님의 뜻이 같았다면 좋았겠지만 그렇지 않더라도 그분의 뜻이 우선이며, 그래야 한다는 고백을 하지 못했다. 하나님을 믿는 모든 사람에게 기적이 보험처럼 약속된 것이 아니라는 걸 왜 몰랐을까.

아프면 낫게 하고, 위험하면 구해주고, 죽으면 살려주는 게 아니라는 걸 왜 몰랐을까. 더 나아가 아프지 않게 해주고, 위험에 빠지지 않게 해주고, 죽지 않게 해주는 게 하나님의 의무가 아니라는 걸 왜 몰랐을까.

하나님은 램프의 요정이 아니라는 걸 알면서도 왜 그렇게 대했을까. 그분은 나를 사랑하시며 내게 사랑을 원하셨는데, 나는 내 사랑을 드릴 테니 내 필요를 채워달라고 구했다. 이것을 과연 사랑이라고 할 수 있는가. 이건 사랑이 아니라 흥정이다. 나는 하나님의 사랑을 가지고 흥정을 하고 있었다.

○

사람은 하나님을 볼 수도, 알 수도, 이해할 수도 없다. 성경에 보여주신 그 면면을 보면서 그분이 어떤 분인지 알아간다.

이것을 '계시'라는 특별한 용어로 일컫는다. 가장 큰 계시, 우리가 즐겨 쓰는 말로 '기적'은 하나님이 사람이 되어 오신 예수 그리스도이시다.

말씀이 사람이 되신 예수 그리스도가 이 땅에 오심이 가장 큰 기적이다. 신구약의 모든 기적이 이 기적을 향하고, 이를 향해 가고 있다. 예수님을 통해 생명의 길, 구원의 길이 열렸다. 이보다 더 큰 기적은 없다. 계시는 완성되었다.

우리를 향한 하나님의 뜻이 명확히 다 드러났다. 하나님께서 아담에게 약속하신 여자의 후손이 바로 기적 그 자체이며, 나머지 기적들은 이것을 바라보게 하는 손가락이요 소망하게 하는 그림자일 뿐이다.

약속이 성취되었고, 기적은 완성되었다. 죽음을 향해 달려가고 있는 열차에서 내릴 구원의 문이 열렸다. 정답도 과정도 다 밝히 드러났다. 이제 내 삶의 개인적인 기적은 일어나면 감사하고 아니어도 상관없다.

아빠는 그렇게 천국에 가셨다.

이 세상에서 놓인 것이다. 그에게 자격이 부족하거나 내 노력이 부족해서 돌아가신 게 아니다. 은혜는 차고 넘친다. 이제는 받아들인다. 우리에게 필요한 건 구원이고, 그것은 이미 주어졌다. 더 필요한 건 없다.

산다면 아직 사명이 남은 것으로 알고, 죽는다면 사명이 다한 것으로 알겠다. 하나님의 사랑 외에 어떤 것도 내 삶과 죽음의 이유가 될 수 없다.

○

아빠가 돌아가신 지 꼭 일 년 뒤에 첫아들을 낳았다.

세상이 내 소원대로가 아닌 하나님 뜻대로라는 것을 뼈저리게 배우고 난 뒤였다. 그때 어린 생명을 앞에 두고 얼마나 오래 울었는지 모른다. 아빠를 놓친 것처럼 이 아기도 놓칠 것만 같았다. 이 두려움이 나를 삼키면 좀처럼 헤어 나올 줄 몰랐다. 기적에 관해 공부를 했으니 이제 시험을 좀 쳐보자고 할 것 같았다.

내가 모자라서, 내가 잘못해서 이 생명을 지키지 못할까 봐 불안에 떨었다. 내가 이해할 수 없는 하나님의 섭리로 인해 품에 안고 있는 아기가 연기처럼 사라질 것만 같았다. 하나님이 아브라함에게 하셨던 것처럼 내 아들을 내놓으라고 하신 것도 아닌데, 그는 하룻밤 사이에 끝낸 고민을 나는 십 년도 넘게 끌며 항복하지 않았다.

누가 믿을까.

기도 때마다 내 앞에 버티고 서서 내게 항복을 요구하던 것은 나에게도 일어날 수 있는 불행에 대한 인정이었다. 자식을 잃는 불행. 예수님을 믿는 가정에 지금도 일어나는 일임에도 내가 자식을 잃거나 어린 자식이 부모를 잃는 불행은 내게 일어나서는 안 된다고 버텼다. 내가 인정하는 순간, 하나님이 내 인정을 테스트하실 것 같아서 도저히 항복할 수 없었다.

누가 믿을까.

나를 짓누르는 이 어마어마한 기도와 씨름하다 나가떨어지기를 수백 번. 나는 필사적으로 거부했지만 어느 날 이 기도에 눌려 나도 모르게 항복하고 말았다. 항복이라니. 말이 되는가. 이 기도에 항복하다니. 항복할 게 따로 있지. 어떻게 엄마인 내가! 다시 주워 담자. 취소하자.

그러나 한 번 한 항복은 순간일지라도 흔적을 남겼다. 내 가슴 깊이 박혔다가 다시 빼냈어도 상흔은 뚜렷했다. 어처구니없는 내 항복을 보여주는 상처였다.

나는 내 자식에게 일어날 모든 일이 하나님의 섭리요, 내 아들의 참 주인, 참 부모는 하나님이시라는 고백으로 항복했다. 내가 아니라 하나님이 사랑으로, 나보다 더 큰 사랑으로 그를 키우실 것을 진심으로 믿는다는 고백이었다.

누가 믿을까.

기도일 뿐이지 않느냐고. 상상일 뿐이고 생각일 뿐이지 않느냐고.

뼈가 깎이고 피가 마르는 것 같은 고통, 멈출 수 없는 눈물, 그리고 통곡이 이 질문들을 거부한다. 이 기도는 내게 안겨서 내 눈물을 닦아주었던 아들의 작은 손만큼, 그 아이의 눈에서도 흐르던 눈물만큼 실제였다.

누가 믿을까.

지금도 때때로 이 기도는 내게 와서 다시 묻는다. 이 고백이 어린 아들을 갈대 상자에 떠나보내던 '요게벳의 노래'가 되어 세상에 나온 지금도 다시 질문을 받는다.

네게 아프게 다가올 하나님의 섭리라도
너는 받을 준비가 되었느냐.

겨자씨보다 작으나 내게 치명적인 상처를 주었던 내 믿음을 다시 꺼내본다.

누가 믿을까.

아직도 나는 두렵다. 아직도 떨린다. 두려움을 끌어안고 하나님 앞에 엎드려 완전히 항복한다.

나는 믿는다.
어쩌면 안다는 게 더 적절한 표현일 수도 있겠다.

옳소이다 이렇게 된 것이 아버지의 뜻이니이다 마 11:26

나의 원대로 마시옵고 아버지의 원대로 하옵소서 마 26:39
_나사렛 예수

믿음으로
가는 나라

 우리 집안에서 날 사랑한다는 어른이 셋이었는데 할머니, 아빠, 엄마였다. 이분들이 나를 사랑하는 건 알았지만 나를 부르는 목소리, 내게 사랑을 표현하는 방법, 또 나에게 원하는 건 다 달랐다. 그에 맞춰 그들을 대하는 내 태도도 조금씩 달라야 했기에 나는 제법 눈치 빠른 아이로 자랐다.

내 위로 오빠가 셋이었고, 나에 대한 태도나 말투나 정서는 다 제각각이었다. 그 차이를 정확히 간파한 나는 그들을 다르게 대했고, 그들의 기분과 태도에 따라 변화할 줄도 알았다.

한동네에 내 또래 친구가 셋 있었다. 정미, 조정, 임성이라는 이름의 동갑내기 여자아이들이었지만 내 친구들은 생김새만큼이나 성격, 기질, 집안 환경이 다 달랐다. 그들이 나를 얼마나 가깝게 여기는지 그 거리감의 차이를 정확히 인식해서 그에 따라 내 마음은 물론 표정도 달랐을 것이다.

나는 부산의 한 동네에서 태어나 결혼해서 그곳을 떠날 때까지 가까운 동네 교회에 쭉 다녔다. 교회에는 이북 사투리를 쓰는 목사님과 경기도 사투리를 쓰는 우리 아빠와 그밖에 오리지널 부산 사투리와 경남 내륙, 경북 내륙과 해안 사투리를 구사하는 사람들이 섞여 있었다.

나는 갖가지 경상도 사투리가 섞인 교회 어른들의 인사와 유머와 수다와 험담과 기도에 귀 기울이면서 그 차이와 개성을 즐기면서 듣곤 했다.

이렇게 유사점과 차이점을 구분해야 하는 것들로 잔뜩 둘러싸인 환경에서 자라 제법 훈련이 되었지만 이상하게 늘 헷갈리는 것이 있었다. 어린이 예배 시간에 자주 겪었는데, 바로 하나님과 예수님, 그리고 성령님의 정체였다. 이 세 이름을 헷갈리지 않고 적절한 대답을 하기까지 얼마나 많은 오답을 외쳤는지 모른다.

선생님이 질문한 답이 예수님인 것 같아서 "예수님이요!" 하고 외치면 선생님은 "하나님이시죠"라고 했고, 이번에는 하나

님이다 싶어서 "하나님이요"라고 외치면 선생님은 "예수님이시
죠"라고 했다. 정확한 자리에 딱 맞는 이름을 말하기까지 오랜
기간 눈치와 귀동냥으로 갈고닦은 상당한 실력이 필요했다.

왜 그랬을까. 그분들이 하신 일을 물어볼 때는 그래도 정확
하게 구분해서 말할 수 있었다. 하지만 화려한 수식어를 붙인
영광과 찬양이 누구에게 가야 할지 물으면 보통 하나님을 외
쳤는데, 그것이 자주 선생님의 의도를 벗어났던 것 같다.

예수님도 하나님이 받으실 영광을 받으셔야 할 분이라는
것, 성령님도 이와 동일하시다는 사실을 나는 몰랐다. 다시
말해, 당시에는 삼위일체를 이해하지 못했다. 도대체 누가 누
구인지 말이다.

○

하나님 아버지, 그분의 아들 예수 그리스도, 그리고 보혜사
성령님. 하나님은 하나님이신 것 같다. 이름도 '하나', 딱 한
분 하나님. 애국가를 부를 때 다들 '하느님'이라고 하지만 나
는 하나님에 대한 의리를 지키느라 '하나님'으로 불렀다.

그리고 예수님은 그분의 말씀에 순종하여 이 땅에 오신 하
나님의 아들이지 하나님 같지는 않았다.

기도도 하나님께 하고 예수님의 이름을 그 뒤에 우표처럼 붙이는 거라고 배우지 않았나. 예수님에게 기도하는 게 아니라 하나님께 기도드리고 예수님의 이름으로 전보를 보내는 것이니까.

성령님은 도우미나 심부름꾼의 역할을 맡은 천사 같은 느낌이었다. 예수님이 승천하신 뒤 남겨진 믿음의 사람들을 보살피고 돌봐주기 위해 지구 방방곡곡을 부지런히 돌아다니시는 그런 존재. 그러니 형체가 없는 게 더 잘 어울렸다. 바람처럼 불꽃처럼 순식간에 나타났다가 또 홀연히 사라질 수 있어야 하기에 예수님처럼 몸이 있다든지, 하나님처럼 하늘 보좌에 앉아 계시는 실체가 아니라 실체 없이 존재하는 게 더 말이 되는 것 같았다.

성령님이 이 땅을 두루 다니시며 신자들의 믿음을 돕고, 그 도움을 받아 신자들이 예수님의 이름으로 하나님께 나아가면 그분이 우리를 받아들이시는 모습, 이것이 내가 어렸을 때 가졌던 세 실체에 대한 그림이었다.

그런데 하나님도 하나님이시고, 예수님도 하나님이시고, 성령님도 하나님이시란다. 각각의 설명을 열심히 들으며 성경 지식이 쑥쑥 자라다가 이 대목에서 또 헷갈렸다. 아이들의 표정을 읽은 목사님이나 선생님들이 바로 보충 설명을 시작했다.

얼음이 녹으면 물이요, 그것이 끓으면 수증기로 날아가지만 성분은 다 똑같은 H_2O라는 예를 들어 설명하거나 분신술을 쓰는 손오공처럼 하나의 실체가 여러 개로 복사되는 것처럼 말하기도 했다. 또 한 사람이 아들이면서 남편이고 동시에 아버지이기도 하다는 예도 있었는데, 모두 틀린 설명이었다.

한참 후에야 이 설명들이 교회사적으로 이단이 된, 삼위일체 중 일체만 강조한 '양태론적 단일신론'(양태론)의 입장임을 비로소 알았다. 한 분 하나님께서 시대에 따라 다른 모습으로 나타나셨다는 것이다. 말이 되게 설명을 해서 아이들을 이해시키려고 한 의도는 귀하지만, 그것이 언제나 가능하다고 생각해서는 안 된다.

성경 말씀과 기독교 교리는 대부분 해석과 설명이 가능하지만 그렇지 않은 부분도 분명히 있다. 그중 하나가 삼위일체다. 차라리 그건 설명할 수 있는 게 아니라고, 이해하기 어려운 부분이라고 가르쳐주면 좋았을 것이다.

하나님이 자신을 우리에게 보여주신 방식이 삼위일체이다. 성경에 이 단어는 나오지 않는다. 성경을 읽은 사람들이 하나님을 그렇게 이해하도록 하나님은 자신을 그같이 나타내셨다. 그런데 피조 세계에는 하나님처럼 존재하는 방식이 없기에 우리는 쉽게 이해하거나 말로 표현하기가 힘들다.

우리는 한 몸에 한 인격이 있다. 그러나 하나님이 말씀을 통해 보여주신 그분의 존재 방식은 우리와 전혀 다르다. 독립된 세 존재는 차별이 있거나 상하 관계가 아니지만, 서로 다른 생각이나 결정을 하지 않는 상태로 존재하신다. 예수님이 천지를 창조하시고, 하나님이 십자가에 달려 돌아가셨다고 해도 틀리지 않는다.

이단은 성경이 보여주는 대로가 아니라 자기들 생각에 말이 되는 대로 가기 때문에 같은 곳에서 출발해도 종착지가 터무니없이 다르다. 성경이 말하는 바를 자세히 보면, 하나님이 곧 예수님이고 성령님이며 세 분은 각각이며 또 완전한 하나로 연합하는 존재임을 알 수 있다.

그러나 한 몸에 한 영을 가진 우리로서는 도저히 이해가 안 되기에 사람들은 속 시원히 이해할 수 있는 대로 짜 맞춘다. 이런 식의 접근은 전부터 계속 있었고, 지금도 이루어지고 있다.

인간의 이성에 비추어 말이 되는 대로 짜 맞추는 것이 이단이 가장 중요하게 여기는 작업이다. 이단은 불신자보다는 교인을 대상으로 포교한다. 불신자를 상대로 하면 초반에 너무 힘이 들 테니까. 성경을 우선 믿게 하고 하나님을 믿게 해야 하는데, 기존의 신자는 이 믿음의 단계를 어떤 식으로든 통과한 사람들이기에 포교가 수월하다.

그들에게 의문만 심어주면 된다. 의문이야 성경에 깔리고 깔렸다. 고구마 하나를 캐면 하나의 줄기에 고구마들이 줄줄이 따라 나오는 것처럼 성경을 펼치면 말도 안 되는 것처럼 보이는 이야기가 얼마든지 있다.

그중 아무거나 잡고 말이 되도록 새롭게 편집을 하면 성경을 많이 읽은 사람일수록 넘어가기가 쉽다. 의문이 아니라 사실은 의심을 심는 것이다. 뱀이 하와에게 속삭인 것과 다르지 않다. "네가 다니는 교회에서는 이렇게 가르쳐주지 않을 거야. 왜? 모르니까! 그러니 우리에게 와서 성경 공부를 하자"라고 할 것이다.

이단은 무조건 앉아서 찬송하고 아멘 하고 부르짖어 기도하지 않는다. 그들은 공부한다. 성경을 사람의 이성에 거슬리는 것이 없게 재편집하고 설명을 참고해 아주 열심히 준비한다. 분명 그들은 삼위일체, 예수 그리스도의 실체, 율법과 복음, 구원의 예정도 다 이해가 되도록 정리해놓았을 것이다.

○

둘째 아들이 입교할 때가 되어 교회에서 정한 교육을 받았다. 입교 예식이 있기 바로 전날, 나는 아이가 예배 때 입을 옷을 손질하고 있었다. 아들이 내게 와서 진지한 얼굴로 물었다.

"엄마는 이게 정말로 다 믿어지세요?"

교회와 예배와 성경 공부 위주로 자란 아이였다. 유치원 버스 기사 아저씨를 전도하고, 말씀 암송도 제 형만큼은 했다. 바이올린으로 교회 성가대에서 반주하는 것을 큰 즐거움으로 알았고, 바른 자세로 앉아 열린 마음으로 설교 말씀을 듣는 아이였다.

심성이 어질고 품행이 바른 아이라 어떤 걱정도 없이 키웠다. 그 아이가 불안한 눈빛을 감추지 않고 용기를 내어 내게 물은 것이다. 나는 아이에게 물었다.

너는 다 믿어지지 않니?

네. 어떤 때는 믿어지다가 어떤 때는 다 안 믿어져요.

그랬구나. 우리 은석이, 힘들었겠네.

네….

괜찮아, 은석아. 우리 모두 그래. 이해가 가는 건 믿어지고 이해할 수 없는 건 도저히 못 믿는 게 우리야. 하나님은 우리가 가진 믿음이 이 정도밖에 안 된다는 것도 다 알고 계셔. 다 아시면서도 우리를 사랑하신 거야. 이 땅에서는 우리가 불안하고 불완전한 믿음을 가질 수밖에 없단다.

나는 아이가 입교 교육을 받을 때 공부했던 교리 문답 책자를 가져오게 했다. 그리고 처음부터 끝까지 하나하나 천천히 함께 읽어내려 갔다. 아이의 질문을 잘 듣고 내가 해줄 수 있는 설명을 했다.

가장 정성을 다해 설명한 부분은 '성경에는 우리가 백 퍼센트 이해할 수 없는 부분이 있다'는 것이었다. 하나님은 사람이 머리로 이해할 수 없는 것을 받아들이지 않으며 무시하고 거부하는 것을 아시면서도 이런 내용을 성경에 넣으셨다. 엄마가 보기엔 성경의 이런 점이 하나님이 하나님 되심을 포장할 것도 감출 것도 없이 거침없이 드러내고 있는 것으로 보인다는 이야기도 해주었다.

우리가 하나님을 다 알 수 없는 것이 당연하지 않은가. 이 순간에 믿음이 필요하고, 믿음은 나에게서 나오는 게 아니라 하나님이 주시는 것이며, 우리는 선물로 받는 거라고 말해주었다.

한 시간 넘게 아들과 믿음에 대해 솔직한 질문과 답을 주고받으며 아이는 의심을 품은 죄책감에서 놓였다. 부족하나 지금의 작은 믿음, 겨자씨만 한 그 믿음도 하나님이 기쁘게 받으시고, 자신의 상태를 이미 알고 계시며, 그런 자신을 너무나 사랑하신다는 사실에 안도했다. 그리고 다음 날인 주일에 아이는 입교했다.

○

하나님은 자신을 알리는 데 말과 글을 사용하셨다. 사라지기 쉬운 이 허술한 도구를 사용하셔서 사라지고 말 인간이란 존재를 상대로 영원한 자신의 이야기를 써내려가셨다. 선택한 사람에게 자신을 보이시고, 약속의 말씀을 주시고, 그 약속을 이뤄가셨다. 이제는 그 모든 말과 글이 한 권의 책이 되었다.

사람들은 빛나는 유적을 남겨 후대가 그 장소를 찾고 또 찾아와서 그들의 불가사의한 지혜에 고개를 숙이게 만들었지만 하나님께서는 그 어떤 것도 남기지 않으셨다. 만나와 메추라기도, 아론의 싹 난 지팡이도, 장대에 매달렸던 놋뱀도 남아 있지 않다. 홍해가 갈라진 그림이 새겨진 바위 하나 없고, 길갈의 열두 기둥도 없다. 법궤도 성막도 없고 엘리야 선지자의 겉옷도 없고, 예레미야 선지자가 유프라테스강에 던졌던 두루마리 책도 없다.

예수님의 피 묻은 옷자락 하나 남아 있지 않다. 두 손에 박혔던 못도, 그분을 찌른 창도, 매달렸던 십자가 형틀도 없다. 어느 것 하나 남은 게 없다.

오직 글로 된 말씀뿐이다. 오직 그분의 약속이 남아 있을 뿐이다.

그러나 인자가 올 때에

세상에서 믿음을 보겠느냐 하시니라 눅 18:8

내 마음
아시는 이

 대여섯 살쯤이었을까. 한번은 할머니와 단둘이 대중목욕탕에 갔다. 다 씻고 나와서 탈의실에서 옷을 입는데 한 젊은 엄마가 아이 얼굴에 로션을 정성스레 발라주고 있었다. 그 옆에 놓인 목욕탕 가방에는 이 런저런 예쁜 것들이 가득 담겨 있었다. 나는 물끄러미 그 모습을 바라보았다.

그런데 할머니가 그 아줌마에게 가서 전에 없는 상냥한 목소리로 우리 애도 바르고 싶은 것 같으니 좀 나눠달라고 부탁을 하시는 게 아닌가! 세상에! 우리 할머니가!

하긴 남들에게는 엄청 상냥하고 깍듯한 할머니셨다. 할머니가 손에 받아온 로션을 내 얼굴에 발라주시는 동안 잠깐 감동했다. 그 순간만큼은 내가 바라보는 것을 같이 바라보며 내 마음을 읽어준 할머니였으니까.

　내가 초등학교에 다닐 때는 넘쳐나는 아이들로 오전반과 오후반으로 나눠서 등교하던 시절이었다. 일 학년 오후반이었던 어느 날, 가방을 메고 학교에 다녀오겠다고 인사를 하는데 엄마가 말씀하셨다.

"우리 에스더, 크레파스 사줘야겠네."

　내가 미술 시간에 쓰던 크레파스는 오빠 셋이 쓰던 걸 그대로 물려받은 거였다. 오빠들이 얼마나 험하게 썼는지 대부분 몽땅해진 데다가 크레파스는 새까맣게 때가 타서 무슨 색인지 바로 알기도 힘들었다.

　크레파스를 보관하는 케이스는 어디론가 사라지고 비닐 봉투만 남아서 거기에 대충 담아서 들고 다녔다. 다른 아이들이 열두 색을 쓸 때 나는 서른 개가 넘는 크레파스를 썼지만, 색의 종류가 많은 건 아니었다. 어쨌든 수량은 압도적으로 많았다. 짝꿍의 깨끗하고 가지런한 크레파스를 봤을 텐데도 엄마가 일러주기 전까지 나는 새 크레파스가 필요하다는 것을 인지하지 못했다.

　따스한 햇살을 받으며 혼자 학교에 가는데 손에 들린 크레파스에 자꾸만 눈이 갔다. 웃음이 절로 나왔다. 내 형편을 엄마가 먼저 알아봐준 게 고마웠고, 내 손 아래 흔들거리는 새까만 몽당 크레파스들이 귀엽게 느껴졌다.

그 어린 시절에 해질 때까지 교회 마당이나 골목에서 같이 뛰놀던 언니, 동생, 친구들이 있었다. 어쩌다 그들의 집에 놀러 가보면 사는 모습이 다 달랐다. 우리 집보다 작은 집은 아늑해서 좋았고, 더 큰 집에 가면 내오는 간식을 신나게 먹으며 여기저기 구경하느라 재미있었다. 나는 이런 차이를 요즘 아이들처럼 예민하게 받아들이지 않았고, 그들에게는 있고 내게는 없는 것에 큰 스트레스를 받지 않았다.

○

어릴 때의 이런 무던한 성격으로 쭉 자랐으면 좋았으련만 그러지 못했다. 자랄수록 부러운 것이 많이 생겼다. 내게 없는 것, 가지지 못 하는 것들 하나하나에 예민하게 반응하느라 가슴이 아팠다. 속이 상했다. 다 커서 만난 이 감정에 정말 적응이 되지 않았다.

자잘한 것은 급한 대로 꿀꺽꿀꺽 삼켰지만 도저히 못 삼키는 것도 있었다. 잠깐 냉정을 잃을 정도로 주체하기가 힘들었다. 코끝이 시큰해지고 눈물이 맺힐 정도였다. 그때마다 부러운 것도 견디기 힘든데 꼭 죄책감이 같이 따라왔다.

'다른 사람의 행운과 행복에 진심으로 축하는 못할망정 심사가 뒤틀려서 심술을 내는 너는 나쁜 사람'이라고, 내 이성이 감정을, 머리가 가슴을 신랄하게 정죄했다.

가질 수도 없는데 부러워도 못 하다니….

주일이면 목사님은 가진 것에 감사하라고 자주 설교하셨다. 하나님이 내게 좋은 것을 주신다는 걸 믿고 지금의 현실에 만족하라고 하셨다. 자족하는 일체의 비결을 배워야 한다고도 말씀하셨다(빌 4:12). 그때마다 나는 꼭 혼이 나는 것 같았다.

내가 대놓고 신세타령을 하지 않았는데도 참지 못하고 감추지 않고 부러워했다고 아빠 엄마의 얼굴에 잠깐 스친 어이없다는 표정을 읽은 날, 참 섭섭했다. "우리는 네게 그렇게 못 해 준다"라는 소리로 들렸다. 네가 더 노력해서 네 힘으로 얻으라고 하시는 것 같았다.

남을 부러워하는 것이 그렇게 나쁜가. 내가 빼앗아 달라고 했나, 훔쳐 달라고 했나. 그저 부러웠을 뿐이고 그 마음을 달래느라 힘들었는데, 아무도 몰라주니 내 마음을 어디에 둬야 할지 몰랐다.

공감과 위로만 있었어도 견디기 쉽지 않았을까. 나 스스로 해명하고 달래려니까 외롭고 비참했다. 길을 몰랐기 때문이다.

그때는 몰랐다.
내 옆에 누가 있는지….

이뤄지지 않을 것 같아서 아무에게도 얘기하지 않고 나 혼자 조용히 쳐다보며 부러워하던 순간들. 하나님께 달라고 하기에는 그것이 거룩하지 않아서 기도도 안 나오던 것들. 그런 시간을 지나 나이 오십이 된 지금 뒤돌아보면, 그럴 때마다 하나님은 내가 어딜 그렇게 부러운 눈빛으로 쳐다보는지 내 옆에 나란히 서서 찾아보신 것 같다. "저거?"라고 하시면서.
내가 느낀 하나님은 이런 하나님이다.

○

하나님의 이름 앞에 붙는 수많은 표현이 다 좋지만 떠올리고 불러볼 때마다 가슴 뭉클한 이름은 '내 마음을 아시는 하나님'이다. 하나님은 내 결핍을 아시고 내 마음을 알아주시는 분으로 다가오셨다. 그때마다 내가 바라보고 있는 것을 대신 집어서 수줍은 내 손에 아무도 몰래 꼭 쥐여주셨다.

어느덧 내게 와 있던 선물들을 나는 지금도 기억한다. 시간이 아주 오래 걸려서 와도, 생각지 못하게 일찍 와도 '어쩌다 왔겠지' 하고 오해하지 않는다. 내 소원은 선명했고, 도착한 선물은 딱 내 소원만큼이었으니까.

서러운 시간은 지나갔다.

하나님과 많은 이야기를 나눴다. 하나님은 내 이야기를, 순전히 내 입장인 이야기를 진지하게 들어주셨다. 내 마음과 진심을 아시기에 기도가 짧게 끝날 때도 있지만, 내 마음을 아시기에 오래오래 그분 앞에 앉아 있기도 했다.

내 마음을 몰라주는 사람을 만날 때는?

뭐, 괜찮다. 하나님이 계시지 않는가. 내 마음을 몰라주면 안 되는 사람이 모르는 것 같을 때, 사랑의 하나님을 잘 몰랐을 때는 너무너무 섭섭해서 화가 났다. 어떻게 그럴 수 있냐며. 하지만 이젠 괜찮다. 그럴 수도 있다.

그가 하나님이 아니지 않은가. 내 마음을 잘 얘기하면 다들 잘 받아들인다. 더 이상 벽이 생기지 않는다. 다 안다고 생각했던 오만도, 다 알아야 한다고 생각했던 집착도 내려놓는다. 어떻게 그럴 수 있는가. 그럴 수 없다.

내 마음을 아시는 하나님을 알고부터 전전긍긍하지 않게 되었다. 이미 배가 부르고 주머니는 두둑하다. 절호의 기회를 놓쳤다고 해도 상관없다.

다음에 또 기회가 오겠지.

속이 이렇게 편할 수가 없다. 그렇다고 하나님을 이용하지는 않는다. 우리는 그런 사이가 아니다. 어렸을 때 혼나는 것 같은 기분으로 배웠던 '일체의 비결'이라는 게 이런 것일까.

부활하신 예수님은 베드로를 다시 찾아오셨다. 그의 복잡한 심정을 예수님은 아셨다. 어떤 말도 꺼내지 못하고 고개만 숙이고 있었을 베드로에게 예수님이 질문하신다(요 21:15-17).

네가 나를 사랑하느냐?

이 질문을 반복해서 받은 베드로는 "주님이 모든 것을 아시오매 내가 주님을 사랑하는 줄을 주님께서 아십니다"라고 말한다(요 21:17).
부인하고 저주했던 예수님을 사랑한다고, 내 마음을 주님께서 아신다고 고백하는 이 순간. 이 사랑이라는 말에 후회도

통곡도 부끄러움도 자책도 환멸도 경멸도 묻고 과거, 현재, 미래 그리고 옛사람의 모든 것을 묻고 그는 다시 태어난다.

베드로를 아신 예수님은 그를 사랑하셨고, 이 질문으로 그를 살려내셨다.

'부러움'이란 감정에 트라우마가 남았는지 나는 가끔 아이들에게 묻는다.

안 부러워?

아이들은 '그래야 하나?' 하는 표정으로 대답한다.

아니요.

그래, 아직 오지 않았구나. 하지만 언젠가 그런 일을 만나게 될 거야. 이성을 잃을 정도로 부러운 일들이 네 인생에도 생길 거야. 그러나 그때 길까지 잃어버리지는 말아라. 사랑의 예수님이 우리의 길이시란다.

PART 2

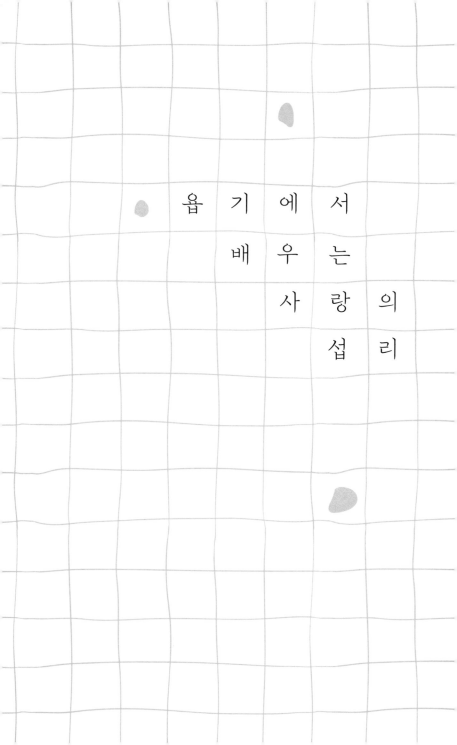

욥기에서
배우는
사랑의
섭리

욥기
Intro

욥기를 읽는다는 건 참 괴로운 일이었다.

본문이 길긴 하지만 길어서 읽기 어려운 책은 아니었다. 욥기는 사실 어려운 책이라기보다는 괴로운 책이다. 너무 어려워서 읽기가 괴로운 게 아니라 괴로워서 어렵다. 나는 욥기의 하나님을 마주하기가 괴로워서 욥기를 읽기가 싫었다.

어렵사리 욥기를 읽으면 첫 장에서 욥의 소개가 끝난 뒤 하나님과 사탄의 대화가 시작되면서 그에게 아직 시련이 닥치기도 전에 내가 먼저 심각한 시험에 빠진다.

왜 자랑하셨을까.

왜 내기를 하셨을까.

왜 꾐에 넘어가신 걸까.

왜 모른 척하신 걸까.

하나님은 도대체 왜 그러셨을까. 욥기 이전에 모세오경과 역사서를 통해 만난 하나님과는 너무 달랐다. 이어지는 시편과 잠언과 전도서가 노래하는 하나님과도 너무 다르고 복음서와 서신서와 예언서를 통해 완성되는 하나님과도 거리가 멀어 보인다.

욥기의 하나님은 마치 그리스 로마 신화에 등장하는, 신이라지만 인간 이상도 그 이하도 아닌, 인간의 상상 안에 갇혀 있는 신으로 보인다.

이렇게 뚝 떨어진 욥기의 하나님. 성경 한가운데 자리를 잡고 길고 긴 본문으로 무장한 채 어디 한번 지나가보라고 버티고 선 어마어마한 거인처럼 보인다. 마치 이 부분을 통과하지 못하겠으면 다시 돌아가서 지혜를 더 쌓고 오라는 것 같았다.

그래서 그런가. 욥기를 읽고 나면 맥이 쭉 빠진다. 욥기의 하나님을 이해하는 힘을 받지 못해서일 것이다. 원망이 구름처럼 몰려드는 게 싫어서 욥기를 건너뛰거나 이해 없이 읽고 나면 이번에는 성경 읽기 자체에 회의가 든다. 그 낭패감을 지울 수가 없었다.

○

잊을 만하면 한 번씩 욥기는 올 테면 와보라는 신호를 내게 보내는 것 같았다. 태산처럼 서 있는 욥기 앞에 서서 노려만 보다가 돌아서기도 했다. 그러다 마음을 다잡고 입구부터 하나라도 놓치지 않으려고 돌다리도 두드려가며 조심조심 발걸음을 떼다가 욥이 친구들과 싸우는 장면을 만나면 다시 벽에 부딪힌 것 같았다. 도저히 다음 길이 보이지 않는다. 제자리에 우두커니 서서 싸움 구경을 할 뿐이다.

다 죽어가는 욥까지 다섯 명이 중재자 하나 없는 언쟁을 장장 42장에 걸쳐 벌인다. 당황스러운 것은 설전의 양이 아니라 내용이다. 욥과 친구들은 다 맞는 얘기를 하고 있다. 서로 이견이 별로 없어 보인다.

아무리 읽어봐도 다들 한목소리로 하나님의 능력을 찬양하고 인생의 나약함과 별 수 없음을 설파한다. 이것이 서로 싸우면서 다툴 내용이란 말인가.

누가 누가 잘하나 경쟁하는 것인가. 헷갈린다.

싸우는 와중에도 주옥같은 표현들이 쏟아져 나와서 그냥 지나치지 못하고 색연필로 밑줄을 그으며 '그래도 성경답네' 하고 감탄하지만 사실 앞뒤 말들이 어떻게 이어지는지 모르는 채 표현만 즐기고 지나간다.

그러다 이들 모두가 하나님께 야단맞는 장면을 만나면 '이제까지 나는 이 야단맞을 이야기에 줄을 긋고 있었단 말인가' 당황이 되어 앞으로 돌아가 보지만, 다시 읽어도 모두 하나님을 향한 보석 같은 찬양임에 틀림이 없다.

도대체 하나님은 왜 혼을 내시는 걸까.

성경에는 생사화복의 이유가 정말 자세히 나와 있는데 친구들은 말할 것도 없고 처음에는 칭찬만 받던 욥까지 혼이 나지만 별다른 설명이 없다.

그런데 이 이야기의 결말은 더 이상하다. 하나님은 욥에게 한 마디 해명도, 사과도 없이 내가 누군지 아느냐며 자랑을 하시다가 갑자기 이전보다 더 큰 복을 주신다. 욥은 이 모든 일을 이해한 것처럼 보이지 않는다. 그저 하나님을 하나님으로 받아들인 것 같다.

여기까지가 어린 내 눈에 비친 욥기에 대한 인상이다. 어렸다고 하지만 사실 최근까지 내가 이해한 바가 이 정도였다.

내게도 이런 일이 일어나면 어쩌나.

성실하고 착한 나를 하나님이 사탄에게 자랑하시다가 사탄이 "쟤가 괜히 저러겠느냐"라며 정곡을 찌르고 하나님이 "애는 어떤 일이 일어나도 나를 공경할 아이"라고, 나도 장담 못할 말씀을 하시다가 내 인생도 욥처럼 한순간에 꼬일 수도 있다는 건가…. 그렇다면 방법은 한 가지다. 하나님 눈에 들지 않게 사는 것. 그분 마음에 들게 살지 않는 것.

성경을 읽다가 이런 황당한 깨달음에 이르게 하는 말씀이 욥기였다. 그래서 나는 될 수 있으면 욥기를 피해 다녔다.

○

그러다 사 년 전쯤 문득 이런 생각이 들었다.

그럴 리가 있나.

하나님이 그러실 리가 있나.

이 생각과 함께 눈이 열렸다.

다시 읽은 욥기는 전혀 다른 이야기였다. 구절마다 장면마다 놀라운 이야기가 끝도 없이 펼쳐졌다. 이후로 해를 넘기면서 몇십 번을 읽어도, 그 안에 감춰진 한 인생을 향한 하나님의 사랑과 섭리가 너무나 눈이 부셨다. 나는 아직도 어렴풋한 실루엣만 겨우 볼 수 있을 뿐이다.

지금도 내 동공이 이 말씀의 빛에 적응을 못한 채 한달음에 다 읽지 못하고, 겨우 몇 장을 읽고 얼마 못 가 성경책을 덮게 된다. 눈을 감고 오래오래 생각에 잠긴다.

그동안 내가 파악한 윤곽만이라도 이야기로 한번 그려보고자 한다.

첫 장의
다섯 구절

욥기는 성경 분류에 따르면 시가서에 속한다. 상징과 함축, 비유와 복선이 가득한 것이 문학이다. 그래서 다른 성경을 읽듯이 문자 그대로 해석하고 교훈을 찾는 데 골몰하다 보면 오해하기 쉽다. 이 부분을 염두에 두고 욥기를 읽어보자.

작가는 도입 부분을 주인공을 소개하는 데 할애했다. 성경은 욥을 이렇게 소개한다(욥 1:1-3).

온전하고 정직하여 하나님을 경외하며 악에서 떠난 자,

아들 일곱과 딸 셋의 아버지,

엄청난 부자,

다시 말해 동방 사람 중에 가장 훌륭한 자.

    영화라면 전개가 매우 빠른 편에 속한다. 욥에게 곧 닥칠 시련을 극대화하기 위해 그가 지금 누리고 있는 생의 완벽함을 가능한 한 다 보여줘야 하기 때문이다. 주요 인사의 성공적인 사회생활을 보여주기 위해 상대역들이 많이 등장하며 상징적인 에피소드들이 빠르게 지나갈 것이고, 신앙생활 역시 놓치지 않고 완벽하게 해내는 것을 보여주기 위해 율법을 준수하는 여러 장면이 스쳐갈 것이다.

    그리고 일곱 아들과 세 딸을 낳고 기르고 그들이 성장해서 결혼을 하고 그들 역시 일가를 이뤄 화목하게 사는 것을 보여주기 위해 욥의 젊은 날부터 지금에 이르기까지 스케치하듯 지나갈 것이다.

    그 사이사이에 그의 막대한 부를 보여주는 장면은 저택 안팎을 비추는 것으로는 부족하니 공중에 드론을 높이 띄워서 광활한 대지와 고개 숙인 채 풀을 뜯거나 떼를 지어 뛰어다니는 동물들, 그리고 그 모든 것의 배경으로 대자연을 비출 것이다.

○

   이렇게 빠른 장면 전환이 이어지다가 갑자기 속도를 줄이고 음악을 바꿔서 관객의 주의를 한 장면에 집중시킨다. 성대하고 흥겨웠던 자식들의 생일파티 후에 욥이 나타나 자식들을 다 데리고 자기 집으로 향하는 장면이다.

   집 안으로 카메라를 천천히 줌인(zoom in)하면서 지금까지 넓게 비추던 화면을 등장인물의 얼굴이나 손에 초점을 맞춰 자세히 보여준다. 바로 욥이 자식들을 위해 하나님께 속죄제를 드리는 장면이다. 이 장면은 욥을 이해하는 아주 중요한 장면이다. 언뜻 보면 정말 완벽한 신앙의 아버지로 보이겠지만, 노련한 관객이라면 이 장면에 매우 중요한 암시와 복선이 깔려 있음을 놓치지 않을 것이다.

   속죄제는 혹시 지었을지 모를 죄를 위해 드리는 제사가 아니다. 남이 대신 드려도 되는 제사도 아니다. 그런데 욥은 자식들의 행위는 물론이요 그들의 마음까지 완벽하게 성결하기를 원해서 매번 일일이 제사를 지낸다. 성결에 대한 열심인가, 열망인가. 강박이자 집착은 아닐까.

욥의 이 마음을 나도 알 것 같다.

첫아이를 키우던 때 내게도 영적 결벽증 같은 게 있었다. 결벽증 환자의 눈에 점도 없고 흠도 없기란 거의 불가능하다. 나는 이 불가능을 향해 온 신경을 곤두세우고 아이를 지켜보았다. 내 눈에 뭔가 하나라도 보이면 그 즉시 더러운 것을 처리해야 했다. 어린아이인데도 왜 그렇게 눈에 거슬리는 게 많던지…. 아이에게 눈물 콧물 쏟으며 회개하게 하고 다시 제자리로 돌아가기를 수없이 반복했다.

그러다 보면 아이가 진짜 마음으로 회개하고 돌이켰는지 의심스러웠다. 이제 의심의 눈까지 더해졌으니 더 이상 아이가 숨을 곳은 없다.

그느라 내 행동이 아이에게 큰 오해를 심어줄 수 있다는 것을 미처 몰랐다. 나도 모르게 의지와 노력으로 의에 이르러야 한다고 가르치고 있음을 몰랐다. "너희의 죄가 주홍 같을지라도 눈과 같이 희어질 것이요 진홍같이 붉을지라도 양털같이 희게 되리라"(사 1:18)라고 하시는 하나님의 은혜를 바라보도록 도와야 했건만. 여기도 붉구나, 저기도 붉구나, 지적만 하고 있었다.

자녀가 마음으로부터 하나님을 경외하기를. 형식만이 아니라 진심으로 하나님을 사랑하기를. 부모가 강제하지 않아도 스스로 하나님을 찾기를. 마음으로도 죄를 짓지 않고 성결하기를. 부모라면 간절히 바라기 마련이다. 욥도 마찬가지였을 것이다. 그는 이 바람을 담아 제사를 드렸고 혹시 있을지 모르는 자식들의 죄, 그것이 마음으로 범한 작은 실수라 할지라도 깨끗하게 지우고 싶었을 것이다.

그러나 나처럼 욥도 몰랐던 건 아닐까. 욥의 제사는 정도를 넘어선 것으로 보인다. 그는 왜 그렇게 제사에 매달렸을까. 강박은 불안에서 기인한 것이요, 불안은 불신과 두려움으로부터 나온다. 욥은 무엇을 두려워했을까. 무엇을 무서워했을까.

내가 두려워하는 그것이 내게 임하고
내가 무서워하는 그것이 내 몸이 미쳤구나
나에게는 평온도 없고 안일도 없고 휴식도 없고
다만 불안만이 있구나 욥 3:25,26

대화의
본질

 하나님께 열심히 속죄제를 드리는 것으로 욥의
소개 장면이 끝나고 이어서 하나님이 등장한다.
이것을 욥이 하나님께 자식들의 완전한 성결을
위해 제사를 드리고, 하나님은 그 제사를 기쁘게 받으시고 사
탄에게 자랑하시는 것으로 이해하면 곤란하다.

나는 한때 하나님이 앞뒤 생각 없이 자랑하시다가 사탄의
계략에 걸려 욥을 망하게 하셨다고 하나님을 원망했으나 새로
운 관점으로 다시 보니 전혀 다른 스토리가 있었음을 알게 되
었다. 이것을 욥기의 재구성이라고 말하고 싶다.

○

하나님은 일부러 사탄에게 욥을 칭찬하신 거였다. 사탄이 어떻게 나올지 다 알고 계셨다. 하나님은 "까닭 없이 그러겠느냐, 그가 가진 것을 쳐보시라, 틀림없이 하나님을 향해 욕할 것이라"라는 사탄의 빈정거림이 끝나자마자 기다렸다는 듯이 사탄의 말을 바로 받아서 그러면 네가 가서 그의 소유물들을 다 치라고 허락하신다.

사탄은 신나게 가서 욥의 소유물을 박살 내고, 다시 하나님 앞에 나타난다. 하나님이 먼저 사탄에게 욥의 이야기를 꺼내신다. 그리고 사탄을 한 번 더 자극하신다(욥 2:3).

네가 나를 충동하여 까닭 없이 그를 치게 했다.
그래도 그가 여전히 나를 경외한다.
봤지?

사탄은 처음부터 하나님이 정한 선을 넘어 욥까지 망가뜨리고 싶었겠지만 그렇게 하지 못하고 가진 소유물만 친 것이 성에 차지 않았을 것이다.

사탄도 기다렸다는 듯이 "가진 것 말고, 가진 모든 것 가운데 가장 귀한 그 자식도 말고 그 자신을 치면 그는 달라질 거라고, 틀림없이 하나님을 욕할 것이라"고 받아친다.

하나님은 이번에도 조금의 망설임 없이 그러면 죽지 않을 정도로만 그를 치라고 허락하신다.

사탄은 왜 이렇게 확신하는 것일까. 하나님은 또 무엇을 바라고 이 협상을 맺으시는 것일까. 사탄은 무수한 경험으로 확신하는 것일 테고, 하나님은 뭔가 작정하신 게 틀림없다.

하나님은 욥이 평생 그의 삶을 바쳐 하나님을 섬긴 것을 보시고 결심하신 것 같다. 그가 두려워하는 것을 없애주시기로.

남편과
아내

 욥이 가진 모든 것을 하루아침에 다 잃고 난 뒤, 그는 겉옷을 찢고 머리털을 밀고 땅에 엎드려 예배한다. 겉옷을 찢고 머리털을 미는 것은 보통 회개의 행동이다.

욥은 이 예배를 참회와 속죄의 예배로 드렸다. 그러면서 성경을 읽는 거의 모든 사람이 밑줄을 그을 만한 대단한 고백을 한다.

내가 모태에서 알몸으로 나왔사온즉 또한 알몸이
그리로 돌아가올지라 주신 이도 여호와시요 거두신 이도
여호와시오니 여호와의 이름이 찬송을 받으실지니이다 욥 1:21

성경은 이런 욥을 보고 범죄하지 아니하고 하나님을 향하여 원망하지 않았다고 덧붙인다. 이 서술을 어떻게 받아들여야 할까. 영리한 독자에게만 보여주려는 작가의 숨은 장치는 아닐까.

이는 그가 한 행동의 객관적 사실이기는 하다. 범죄하거나 원망하지 않았다. 그러나 이것이 문학임을 아직 잊지 않았다면 이 서술에 이중적 의미가 있을 수도 있음을 유의해야 한다.

이렇게 이해하지 못했을 때는 욥기의 첫 장이 끝나기 전 이 마지막 독백에서 나는 숨이 턱 막혔다. 나도 이렇게 해야 한다고 성경이 말하는 것 같았기 때문이다.

사탄이 한 번 더 그를 치자 그는 피부병에 걸려 재 가운데 앉아서 질그릇 조각으로 몸을 긁었다고 성경은 말한다(욥 2:7,8). 재 가운데 앉았다는 걸 보니 이번에도 역시 처음처럼 참회와 회개의 마음으로, 겉옷을 찢고 머리털을 미는 것과 일맥상통하는 행동인 재를 뒤집어쓴 것 같다.

찢을 겉옷도 밀어버릴 머리털도 없었는지 그는 재만 뒤집어쓰고 그 자리에 주저앉아서 참을 수 없는 가려움 때문에 칼과 다를 바 없는 깨진 그릇 조각으로 피부를 긁었다.

가려움증에 시달려보았는가. 병마다 당하는 사람들은 자기 병이 가장 몹쓸 병이라고 말한다. 그래서 나도 이렇게 말하는 것이겠지만 가려움증은 정말 너무도 괴로운 병이다. 가렵기 시작하면 아무것도 할 수가 없다. 잠도 못 잔다. 가라앉을 때까지 긁는 수밖에 없는데 그러다 보면 무표정한 얼굴로 밤이나 낮이나 앉아서 긁어대는 것이 일이다.

스트레스성도 아니고 면역 체계 문제도 아닌, 사탄이 안 죽을 만큼만 손을 본 피부병이었으니 얼마나 가려웠을까. 얼마나 괴로웠을까.

○

이때 욥의 아내가 등장한다. 우리가 소크라테스의 악처쯤으로 알고 있는 여인이다. 의롭지만 곤욕을 당하고 그러나 입으로 하나님을 원망하지 않는 남편. 성경이 번역되어 읽히는 곳마다, 모든 기독교인이 존경한 그 남편을 향해 나가 죽으라고 저주한 나쁜 부인처럼 보인다.

그러나 그렇게 간단하게 생각하지 말자. 욥이 내 남편이라고 생각해보면 그렇게 지나갈 수 없을 것이다.

함께 자식 열을 낳고 길러 결혼까지 시킨 신앙심 깊고 부유한 집안의 안주인이자 성경에 이름 없이 등장하는 그녀의 입장이 되어 저평가된 그녀를 재조명해보고 싶었다.

하루아침에 가진 재산이 다 날아간 것도 기가 막힌데 자식 열이 한자리에서 다 죽었다. 어느 누가 이 사건을 징조로 받아들이지 않을까. 이 정도의 재앙은 필시 어떤 뜻이 있을 것이다. 여호와 하나님을 섬기는 이라면 하나님의 섭리라고 생각했을 것이다. 그러나 그것이 무엇이든 도저히 받아들일 수 없는 일이다.

이 기막힌 일을 당하고도 남편은 침착을 잃지 않고 냉정을 유지하고 있다. 하나님을 향해 왜 이러시냐고 묻지도 않고 울지도 않는다. 무슨 최면에라도 걸린 사람처럼 늘 하던 대로 제사를 드리고 싶었겠지만 양과 소와 낙타와 나귀까지 다 죽어버렸으니 옷을 찢고 머리를 미는 수밖에. 이런 남편을 보면서 그 부인은 무슨 생각을 했을까.

자식을 다 잃었는데
왜 절규하지 않는 거지?
왜 미치지 않는 거지?
입으로 내뱉지 못하겠으면 곤두박질이라도 쳐야지.
왜 아무렇지도 않은 척하는 거지?
자식들을 위한 제사를 열두 번도 더 드리더니
그렇게 위하던 자식들이 다 죽어 없어졌는데 뭐하는 거지?

이미 터져버릴 것 같은 분노가 그녀 속에서 들끓었겠지만 이때까지는 침묵했다. 그러나 두 번째 비극을 겪고 있는 남편을 보고 나서야 아내나 할 수 있는 말을 한다.

죽어라.

아내가 해서는 안 되는 말이지만 아내니까 할 수 있는 말이라고 생각한다. 죽으라는 말은 이제 그만두라는 말이 아닐까. 이제 내려놓으라는 말이 아닐까.

당신이 그래도 자기의 온전함을 굳게 지키느냐
하나님을 욕하고 죽으라 욥 2:9

사실 이 말이 그다음 3장부터 이어지는 긴 논쟁의 핵심이다. 욥이 스스로 깨닫지 못하는 그의 본질을 꿰뚫는 날카로운 일갈이다.

그녀는 아내이기에 알고 있었던 것 같다. 욥이 어떤 사람인지. 하나님이 지켜보시며 고쳐주고 싶으셨던 그 부분을 그의 아내도 보고 알고 있었던 것 같다. 그러나 그녀가 이 사실을 안다고 해도 남편을 고칠 수는 없었을 것이다.

남편의 삶이 완벽한 것 같지만 그의 알 수 없는 두려움과 불안이 불러온 강박과 집착은 가장 가까이에 있는 사람을 힘들게 했을 것이 분명하다. 그녀의 말 못 할 괴로움이 모든 것의 평안과 균형을 이루었기에 참을 수밖에 없었는데 이제 그 균형이 완전히 깨져버린 것이다.

의외의 사람에게 정곡이 찔렸을 욥은 그래도 이렇게 말하며 자기를 지킨다.

> 그대의 말이 한 어리석은 여자의 말 같도다
> 우리가 하나님께 복을 받았은즉
> 화도 받지 아니하겠느냐 욥 2:10

정체성의 한가운데를 후벼 파였지만 이 모든 것이 하나님의 섭리라고 철벽을 친다.

자식을 잃고도 눈물 한 방울 흘리지 않는 남편을 보고 그녀는 기분이 어땠을까. 하나님께 예배드리러 가는 뒷모습을 보면서 어떤 생각을 했을까. 그에게 중요한 건 가정이 아니었나. 자식도 아니었나. 하나님이었나. 지금 이 순간 저 말과 저 행동은 하나님을 중요하게 생각해서 하는 행동인가.

아닌 것 같다. 가장 중요한 건 자기 자신이었구나. 하나님 앞에서 의로운 자신. 이 모든 시련 앞에서도 흔들리지 않는 자신이….

○

    그녀는 남편에게 그래도 자기의 온전함을 굳게 지키려고 하
느냐고 묻는다. 욥은 자기의 온전함을 지키는 자였다. 이것이
그녀가 보는 욥의 정체성이다.

의로워지려는 자.

도덕적으로 우월하고

율법으로는 완전한 자.

죄인이 아닌 자.

행위로 의롭다 하심을 얻으려는 자.

행위로 구원에 이르려는 자.

그러나 두려움에 빠져 있는 자.

불완전함이 계속 보이는 자.

계속 제사를 드려 더욱 깨끗해지려는 자.

씻었는데도 또 씻는 자.

계속, 계속 씻는 자.

깨끗해지려고 하는 자.

자기 힘으로 깨끗해지려고 하는 자.

온 힘을 다해 씻는 자.

여전히 더러움이 보이는 자.

자기 소유와 자식들까지도
완벽하게 깨끗하기를 원하던 자.
자기를 씻는 것에서 그치지 않고
자식들까지 계속해서 씻기던 자.
이 일에 지치지 않던 자.
쉼 없이 씻던 자.
만족이 없는 자.
늘 두려움에 쫓기던 자.
늘 두려워서 씻어야 했던 자.

이것이 그녀가 본 욥의 실체였다. 그런 그녀이기에 남편에게
이제 그만 죽으라고 할 수 있었던 것이 아닐까.

욥과 그의 아내는 고대 족장 부부로서 열도 더 되는 첩을 거
느릴 수 있는 시대였음에도, 그런 시대가 주는 부부의 한계가
뚜렷함에도 이 부부가 보여주는 깊은 관계에 가슴이 저려온
다. 이 시대의 부부 사이와는 차원이 다르다.

얼마나 가까웠으면 본질을 볼 수 있었을까. 얼마나 사랑했
으면 참을 수 있었을까. 얼마나 긍휼히 여겼으면 죽으라는 말
을 할 수 있었을까.

자기 자신 같으니까 할 수 있는 말이라고 생각한다. 남 같

앞으면, 내 자식이 열이나 죽었는데 주신 이가 거두시는 거라
는 헛소리는 살인을 부르는 소리다.

네 경외함이 네 자랑이 아니냐

네 소망이 네 온전한 길이 아니냐 욥 4:6

_엘리바스

그들은
누구인가

 그럴 리가 없다는 생각이 든 뒤 욥기를 다시 읽으
며 가장 먼저 눈에 들어온 건 욥과 친구들의 논
쟁에서 자주 등장하는 단어들이었다. 이 단어들
이 눈에 들어오고 나서 어쩌면 이 책을 이해하는 다른 시점이
있지 않을까 생각했다.

그들은 성경의 다른 인물들이 잘 쓰지 않는 일련의 단어들
을 사용했다. 마치 법조인이나 의료인에게 그들만의 전문 용
어가 있는 것처럼 이들이 쓰는 말도 꼭 그렇게 보였다.

여기에 다 옮길 수는 없으니 여러 번 반복되는 단어나 중요
한 표현들만 옮겨본다.

생각하여보라 욥 4:7

우리가 연구한 바가 이와 같으니 너는 들어보라 욥 5:27

지혜로운 자가 어찌 헛된 지식으로 대답하겠느냐 욥 15:2

무익한 말로 변론하겠느냐 욥 15:3

하나님 앞에 묵도하기를 그치게 하는구나 욥 15:4

네 입술이 네게 불리하게 증언하느니라 욥 15:6

내게서 들으라 내가 본 것을 설명하리라 욥 15:17

수아 사람 빌닷

너는 옛 시대 사람에게 물으며 조상들이 터득한 일을
배울지어다 욥 8:8

그들이 네게 가르쳐 이르지 아니하겠느냐
그 마음에서 나오는 말을 하지 아니하겠느냐 욥 8:10

깨달으라 그 후에야 우리가 말하리라 욥 18:2

나아마 사람 소발

지혜의 오묘함으로 네게 보이시기를 원하노니 욥 11:6

허망한 사람은 지각이 없나니 욥 11:12

내 초조한 마음이 나로 하여금 대답하게 하나니
이는 내 중심이 조급함이니라 욥 20:2

나의 슬기로운 마음이 나로 하여금 대답하게 하는구나
욥 20:3

엘리후(람 종족 부스 사람 바라겔의 아들)

연륜이 많은 자가 지혜를 가르칠 것이라 욥 32:7

내 말을 들으라 나도 내 의견을 말하리라 욥 32:10

욥을 꺾어 그의 말에 대답하는 자가 없도다 욥 32:12

그가 내게 자기 이론을 제기하지 아니하였으니
나도 당신들의 이론으로 그에게 대답하지 아니하리라
욥 32:14

당신들이 말없이 가만히 서서 다시 대답하지 아니한즉
내가 어찌 더 기다리랴 나는 내 본분대로 대답하고
나도 내 의견을 보이리라 내 속에는 말이 가득하니
내 영이 나를 압박함이니라 욥 32:16-18

그대가 할 수 있거든 일어서서 내게 대답하고
내 앞에 진술하라 욥 33:5

어찌 하나님과 논쟁하겠느냐 욥 33:13

욥이여 내 말을 귀담아 들으라 잠잠하라 내가 말하리라
만일 할 말이 있거든 대답하라
내가 기쁜 마음으로 그대를 의롭다 하리니

그대는 말하라 만일 없으면 내 말을 들으라
잠잠하라 내가 지혜로 그대를 가르치리라 _{욥 33:31-33}

만일 네가 총명이 있거든 이것을 들으며
내 말소리에 귀를 기울이라 _{욥 34:16}

내가 깨닫지 못하는 것을 내게 가르치소서 _{욥 34:32}

욥이 무식하게 말하니
그의 말이 지혜롭지 못하도다 하리라 _{욥 34:35}

욥이 헛되이 입을 열어 지식 없는 말을
많이 하는구나 _{욥 35:16}

내가 먼 데서 지식을 얻고 _{욥 36:3}

진실로 내 말은 거짓이 아니라 온전한 지식을 가진 이가
그대와 함께 있느니라 _{욥 36:4}

만일 그들이 순종하지 아니하면
칼에 망하며 지식 없이 죽을 것이니라 _{욥 36:12}

욥이여 이것을 듣고 가만히 서서
하나님의 오묘한 일을 깨달으라 욥 37:14

완전한 지식의 경이로움을 아느냐 욥 37:16

그리고 욥

내게 가르쳐서 나의 허물된 것을 깨닫게 하라
내가 잠잠하리라 욥 6:24

옳은 말이 어찌 그리 고통스러운고,
너희의 책망은 무엇을 책망함이냐 욥 6:25

사람이 하나님께 변론하기를 좋아할지라도
천 마디에 한마디도 대답하지 못하리라 욥 9:3

내가 하나님께 아뢰오리니 나를 정죄하지 마시옵고
무슨 까닭으로 나와 더불어 변론하시는지
내게 알게 하옵소서 욥 10:2

너희가 죽으면 지혜도 죽겠구나 욥 12:2

나의 눈이 이것을 다 보았고
나의 귀가 이것을 듣고 깨달았느니라 욥 13:1

너희 아는 것을 나도 아노니 너희만 못하지 않으니라 욥 13:2

너희는 나의 변론을 들으며 내 입술의 변명을 들어보라
욥 13:6

너희의 격언은 재 같은 속담이요
너희가 방어하는 것은 토성이니라 욥 13:12

너희는 잠잠하고 나를 버려두어 말하게 하라 욥 13:13

너희들은 내 말을 분명히 들으라 욥 13:17

나와 변론할 자가 누구이랴 욥 13:19

변론할 말을 내 입에 채우고 욥 23:4

지혜 없는 자를 참 잘도 가르치는구나
큰 지식을 참 잘도 자랑하는구나 욥 26:3

네가 누구를 향하여 말하느냐
누구의 정신이 네게서 나왔느냐 욥 26:4

무리는 내 말을 듣고 희망을 걸었으며
내가 가르칠 때에 잠잠하였노라 욥 29:21

내가 말한 후에는 그들이 말을 거듭하지 못하였나니
나의 말이 그들에게 스며들었음이라 욥 29:22

○

욥기를 읽을 때 이 단어와 표현들을 염두에 두고 읽어보기
바란다. 이런 단어들이 나오는 곳을 짚어가며 읽으면 끝없이
이어지는 논쟁의 의도가 보일 것이다. 예전에는 하나님과 그분
이 하시는 일에 대한 이들의 묘사에 주의를 기울였다면, 이제
는 그 묘사를 여는 말에 주의해보자. 그들은 이런 단어와 표
현으로 말을 시작한다. 모두 한결같이.

이들은 평소에 대화하고 연구하고 묻고 답하고 관찰하고
토론하고 변론하며 서로의 지혜를 배우고 나누던 사이였던 것

같다. 인간의 생과 사를 통찰하며 보이는 세계와 보이지 않는 세계의 질서와 법칙을 찾아내고, 이 모든 것의 원천이 무엇인지 궁구(窮究)하던 자들이었다. 또한 여호와 하나님을 인정하고 그분이 이 세상의 주관자이시며, 그분의 뜻대로 인생들이 움직이는 것을 인정했다.

즉, 생을 연구하는 철학자들이요 신을 연구하는 신학자들이었던 것으로 보인다. 고대 근동 지역에서 지위와 지식과 지혜의 수준이 비슷한 지식인이었던 이들은 여호와 하나님을 잘 알기 원하는 신앙인이었고, 율법을 연구하고 철저히 준수하는 종교인이었다.

그들의 입에서 거침없이 쏟아져 나오는 하나님에 관한 표현들은 웬만한 수준의 묵상과 연구에서 나올 수 있는 것이 아니다. 오랜 세월 율법과 세상을 선생 삼아 묵상하고 공부한 내용들이다.

족장, 가장 혹은 제사장 어쩌면 율법 선생, 그리고 남편과 아버지라는 여러 정체성보다 '철학하고 신학하는 사람'이라는 정체성이 이들에게 가장 중요하지 않았을까. 배움의 기회가 공평하고 학문의 성취가 비교적 쉬운 요즘에도 철학과 신학은 아무나 하지 않는다. 자격을 얻기 위한 공부가 아닐 뿐더러 성과가 수치로 계산되는 것도 아니기에.

볼 수 없으나 확실히 존재하는 것을 인지하는 감각, 그것을 찾아가는 열정, 발견하는 기쁨, 마침내 눈이 열리는 희열은 극소수에게 주어진 재능과도 같다.

이들은 자신들이 소유한 무수한 것 가운데 이 재능을 가장 귀하고 소중하게 여기는 사람들이었을 테고, 그것으로 세상과 하나님을 보는 올바른 시각을 여는 것을 소명이자 사명으로 알았을 것이다.

우리가 정의를 가려내고 무엇이 선한가
우리끼리 알아보자 욥 34:4
_엘리후

칠 일의
침묵

그들이 여기 한자리에 모였다.

깨끗하고 아름답게 꾸며진 곳에서 세심한 섬김을 받으며 철학과 신학을 했던 그들이 찢어진 옷을 걸치고 머리는 밀고 재투성이가 된 채 온몸을 긁고 있는 동료 앞에 서 있다. 눈앞에 펼쳐진 광경이 얼마나 비현실적이었을까. 보이지 않는 세계를 탐구하는 동안 보이는 세계는 그들에게 얼마나 당연한 것이었을까.

보이는 세계의 안락과 안정이 보장되지 않았다면 어쩌면 그들의 탐구는 불가능했을 것이다. 당시는 강연이나 집필로 생계를 유지할 수 있는 시대가 아니었다. 또 다른 차원을 오가는 그들의 지식 여행을 받쳐주던 보석 같은 현실이 산산이 부서진 현장에 서서 그들은 무슨 생각을 했을까.

어떤 기분이 들었을까.

나이를 초월해 같은 가치관으로 강하게 묶인 친구 사이였기에 최초의 감정은 '공감'이었을 것이다. 괴로움과 황망함, 슬픔과 비참에 빠진 친구와 한마음으로 절규하며 울부짖었고, 욥이 했던 것처럼 겉옷을 찢고 티끌을 날려 자기 머리에 뿌렸다.

그들은 주저앉거나 땅에 엎드렸고 자기 머리를 움켜쥐고 식음을 전폐했을 것이다. 그렇게 칠 일 밤낮을 보내며 누구 하나 입을 여는 자가 없이 욥과 함께 앉아 있었다.

이들은 칠 일 동안 무슨 생각을 했을까. 왜 한마디 말을 하지 않았을까. 격했던 감정은 시간이 흐르면서 가라앉았을 것이고 그들은 고도로 훈련된 학자들답게 이성이 움직이는 단계로 빠르게 들어갔을 것이다.

원인을 찾아라!

그들이 본 모습은 생각보다 훨씬 심각했다. 이렇게 완벽한 초토화는 사는 동안 한 번도 보지도 듣지도 못했다. 그러니 당연히 그 이유가 무얼까 생각했을 것이다.

현상을 보고 원인을 계속 찾아들어가 발원지가 어디인지, 그 과정에 오류는 없는지, 예외적인 상황은 아닌지, 일반화할 수 있는 일인지 밝혀내는 데 선수인 사람들이다.

그들의 눈에 이 사건의 특수성이 너무나 명확했기에 서로 눈을 마주치거나 사인을 주고받지 않아도 진행자 없는 무언의 토론을 시작했을 것이다. 욥도 예외가 아니었다. 어쩌면 그 가운데 가장 지혜와 지식이 탁월한 자였는지도 모른다. 가장 정확하고 날카롭게 그리고 간절하게 이 토론에 빠져들었을지 모른다.

이제까지 토론한 수많은 사례, 지금까지 내렸던 수많은 결론을 머릿속으로 빠르게 복기하느라 말을 할 수 없었을 것이다. 사례와 결론이 크게 어긋나는 일이 없었던 이유는 하나님께서 그분의 섭리 속에 자연법이 철저하게 지켜지도록 붙잡고 계셨기 때문임을 이들은 알고 있었다.

욥의 사례에 숨겨진 또 다른 특수성을 알 터이 없는 이들은 즉시 이 일을 일반적인 논리로 해석했을 것이고, 모든 복기를 끝낸 후 다시 눈을 들었을 때는 모두가 숨 막히는 충격의 눈빛을 주고받았을 것이다. 욥도 예외는 아니었을 것이다.

결론을 내리기가 충격적이었으나 어렵지는 않았을 것이다. 이런 종류의 재앙은 우연한 사고가 겹쳐서라고 볼 수 없다. 큰 죄가 불러온 것이다. 이것은 하나님의 심판이다. 실수가 없으신 하나님의 공정한 벌이다.

당사자는 부인의 여지없이 욥이다. 친구들이 이제까지 욥을 잘못 봐온 것이다. 완벽하게 속았다. 욥이 언제 어디서 어떤 죄를 지었기에 이런 벌을 받는 것일까.

그러나 욥은 그들처럼 논리적일 수 없었다. 친구들이 어떤 생각을 하며 앉아 있을지 알기에 자신의 삶 전체를 철저하게 뒤돌아보고 되짚어봤을 것이다. 언제 어디서 어떤 죄를 지었던가. 어떤 죄가 이런 참극을 불러온 것인지 아무리 생각해도 친구들과 같은 결론은 내릴 수 없었다.

오히려 욥은 율법을 완벽하게 지키고 죄를 하나라도 짓지 않으려고 숨이 차던 사람이었다. 자신은 말할 것도 없고 자식들의 죄성까지 관리하느라 너무도 힘이 들었다. 가족들도 친구들도 다 알고 있지 않은가. 이들에게 숨긴 것은 없다.

○

욥은 알고 있다. 지금 눈앞에 있는 자들의 눈빛이 말하고 있는 것을. 진상 파악은 끝났고 결론은 이미 나왔다. 그들은 기다리고 있다. 그들을 속여온 것, 그들이 전혀 알지 못했던 것. 짐작조차하지 못했던 그것. 이런 재앙을 불러들인 그 죄를 친구들 앞에서 쏟아내기를 칠 일 밤낮을 기다렸던 것이다.

욥이 지금이라도 그렇게만 한다면 그들이 함께 찾고 발견했던 대로 하나님은 그 죄를 용서해주실 것이다. 하나님 앞에 쏟아놓을 때 회복시켜주실 것이라고 믿기 때문에 그들은 희망을 품고 기다렸다.

그러나 그 기다림의 의미, "네 입으로 네가 말하라"는 친구들의 침묵의 의미를 알면서도 그는 그렇게 할 수가 없었다. 이런 재앙을 당할 만한 자신의 죄를 찾지 못했기 때문이다.

욥은 이 순간 얼마나 비참했을까. 위엄과 존귀와 지식으로 단장한 친구들 앞에서 한눈에 봐도 천벌을 받고 있음이 분명한 꼴을 한 채 자백을 강요받고 있다.

함께 지혜와 지식을 탐구하며 하나님과 그분이 행하신 일을 깨닫고 찬양하던 이들 앞에서 이 재앙의 원인을 제 입으로 밝혀야 했다. 인정해야만 했다. 위로의 눈빛은 의심과 경멸의 시선으로 바뀌었고, 동정의 울음은 냉담한 침묵으로 바뀌었다.

시간이 흐르고 자신이 침묵할수록 의문은 확신이 되고, 함께였던 시간은 정죄의 시간으로 바뀌었다.

이 차가운 변절을 보며 가슴이 무너져도 욥은 휘말리지 않으려고 안간힘을 썼을 것이다. 결론만 보고 모든 과정을 송두리째 싸잡아 매도하기엔 하나님 앞의 성결을 위해 발버둥 쳤던 자신의 일생이 너무 허망하고 허무했다.

욥은 포기할 수 없었다. 그렇게 칠 일을 보내고 마침내 그가 입을 열었다.

가장 마지막에
무너진 것

 욥기 1장과 2장을 이렇게 다시 읽어보면, 그가 얼마나 나와 비슷한 사람인지, 성경의 표현대로 성정이 우리와 얼마나 닮은 사람인지, 그도 한 인간이었을 뿐이라는 사실이 실감 나게 다가온다.

그래서 3장에서 그가 내뱉는 독백 하나하나가 뼈아프게 와 닿는다. 자식이 마음으로부터 온전하기를 바라는 게 그렇게 유별난가. 배우자만이 알 수 있는 이중인격도 우리 모두의 이 야기일 것이다.

사명이자 소명이 자신의 가장 중요한 정체성인 것도 당연하 다. 이 정체성을 함께 나눴던 이들의 정죄 앞에서 끝까지 버티 다가 비로소 자아가 무너져 내리는 것도 이상하지 않다.

욥은 칠 일 밤낮에 걸친 침묵의 토론을 끝내고 자아가 무너졌다. 가진 재산을 모두 잃고, 자식들이 다 죽고, 병마저 들어 비참하게 됐을 때도 무너지지 않았던 그였다.

아내의 정곡을 찌르는 일갈에 충격을 받았지만 계속 버텨야 했다. 자아의 근간을 이룬 철학과 신학에 비추어 자기의 인생을 친구들 앞에서 공식적으로 되짚어본 후, 그에게 선고된 판결에 굴복할 수 있었다면 그는 무너지지 않았을 것이다. 그는 굴복할 수 없어서 무너졌다.

자식 열 명이 죽었을 때 욥은 "내가 모태에서 알몸으로 나왔사온즉 또한 알몸이 그리로 돌아가올지라 주신 이도 여호와시요 거두신 이도 여호와시오니 여호와의 이름이 찬송을 받으실지니이다"(욥 1:21)라고 고백했다.

자기 입으로 뱉은 이 논리에 순복할 수 있었기에 그는 버틸 수 있었고, 병을 얻고 부인의 저주를 들어도 "그대의 말이 한 어리석은 여자의 말 같도다 우리가 하나님께 복을 받았은즉 화도 받지 아니하겠느냐"(욥 2:10)라는 말로 부인을 가르치면서 버텼다.

그러나 이 예사롭지 않은 재앙은 하나님의 작정하심이고, 그 원인은 네 죄, 네가 숨기고 있는 큰 죄에 있다는 결론에는 도저히 동의할 수가 없었다.

○

    실토하라고, 자백하라고, 인정하라고 외치는 무언의 압력이 칠 일 밤낮으로 그를 괴롭혀도 그는 이 엄청난 재앙에 상응하는 죄를 결국 찾지 못하고 쓰러지고 만다.

    그리고 욥이 입을 연다.

죽고 싶다.
아니, 태어나지 말았어야 했다.

    우리 같으면 이렇게 말하고 끝났을 것을, 철학하는 사람답게 욥기 3장을 채우는 그의 비탄은 남다르다.

    그러나 내용은 우리와 같다.

    다시 보면 그렇게 특별한 자기부인도, 자기부정도 아니다. 결코 내뱉지 말았어야 할 저주도 아니다. 우리는 얼마나 자주 죽고 싶다는 충동에 사로잡히는가. 우리 중에 한 번도 이런 말을 하거나 생각을 한 적이 없다고 말할 자 누구인가.

    죽고 싶다고, 나 같은 건 태어나지도 말았어야 한다고 말하는 욥은 이제 우리 가까이 와 있다.

어찌하여 내가 태에서 죽어 나오지 아니하였던가

어찌하여 내 어머니가 해산할 때에

내가 숨지지 아니하였던가 욥 3:11

대단한 욥을 소개하는 첫 장의 다섯 구절은 이 반전을 위해 그렇게 화려했던가. 우리 모두가 우러르는 그의 믿음의 고백은 이 반전을 위해 그렇게 남달랐을까.

이제 욥기는 우리를 위한 책이 된다. 욥을 위한, 욥의 이야기에서 그친다면 성경에 실릴 이유가 없었을 것이다. 욥이 곧 우리이고, 그가 인생을 통해 배운 것을 우리도 배워야 하기에 성경에 있는 것이다.

하나님은 왜 욥을 무너지게 하셨을까. 어쩌면 독자들은 이쯤에서 이미 해답을 찾았는지도 모르겠다. 내가 찾은 관점을 눈치챘을 수도 있겠다. 욥은 바로 '우리'다. 특별하지도 유난하지도 않은 바로 우리의 이야기가 바로 욥기이다.

THE ASH
ARGUMENT

 THE ASH ARGUMENT, '재 위에서의 논쟁'이라는 이름을 붙여보았다. 논리와 공식으로 무장한 학자들의 전쟁을 'argument'(논쟁)라고 한다면 4장부터 37장까지 이어지는 이 지루한 말싸움의 정체를 이해할 수 있을 것이다.

보통 사람의 눈으로는 도저히 이해할 수 없는 자기주장의 무한 반복과 증폭과 증강, 상대를 향한 끈질긴 이견 제시와 인정사정 봐주지 않는 무자비함, 주저함 없는 정죄와 신랄한 비판, 갈수록 더 날카롭게 대립하는 논리가 끝도 없이 이어지는 이유는 이것이 학자들의 이론 전쟁이기 때문이다.

이 대화는 욥을 위한 교훈이 아니다. 위로가 잘못 발전되어 싸움으로 번진 친구들 간의 실수도 아니다. 칠 일 밤낮을 무기에 기름칠을 하고 총알을 장전하고 상대를 향해 가늠쇠를 정확하게 조준하고서, 욥의 자기부정이 전쟁을 선포하는 것으로 받아들인 뒤에 벌어진 전쟁이다.

우리 같으면 친구가 엄청난 일을 당하면 속으로는 필시 무슨 사연이 있을 거라고 생각해도, 말을 꺼내기는 너무나 조심스러울 것이다. 힘들게 말을 꺼내놓고도 어느 정도 말해보다가 "그래, 네 말도 맞다, 일리가 있다"라고 하며 싸움이 되는 것을 피하겠지만, 이들은 그럴 수 없는 사람들이었다.

그래서 우리가 '욥과 세 친구'라는 설정에 또 속은 것이다. 그들의 정체성을 알고 나면 하나님이 개입하실 때까지 한 치도 물러서지 않는 그들의 논쟁을 이해할 수 있다.

이런 시각으로 4장부터 37장까지 다시 읽으면 예전처럼 지루하지 않다. 친구들은 욥이 인정하기를 바랐다. 그리고 친구 사이에 털어놓을 거라고 여기며 기다렸다. 그러나 생각지도 못하게 욥이 자기 존재 자체를 거부하는 독백을 쏟아낸다.

왜 자기 인생에 이런 일이 일어났는지 모르겠다는 것이다. 이해하지 못하겠다고 한다. 그들이 함께 쌓아온 모든 철학과 신학을 거부하는 말이다. 함께 찾은 해답과 진리를 부인하며 이해하지 못하겠다는 것이다.

　이것이 친구들이 분노하는 이유다. 삶이 무너졌다고 해서 진리를 거부하다니. 세상과 인생에게 적용하던 논리를 자신에게는 거부하다니. 비겁하고 옹졸하다.

　욥이 자기의 이야기를 펼칠수록 그들이 지금까지 함께 쌓아 온 공든 탑, 지혜와 지식의 상아탑을 부수는 것이었다.

데만 사람 엘리바스

보라 전에 네가 여러 사람을 훈계하였고 손이 늘어진 자를
강하게 하였고 넘어지는 자를 말로 붙들어주었고
무릎이 약한 자를 강하게 하였거늘
이제 이 일이 네게 이르매 네가 힘들어하고
이 일이 네게 닥치매 네가 놀라는구나 욥 4:3-5

하나님이 너를 책망하시며 너를 심문하심이
너의 경건함 때문이냐 네 악이 크지 아니하냐
네 죄악이 끝이 없느니라
까닭 없이 형제를 볼모로 잡으며 헐벗은 자의 의복을 벗기며
목마른 자에게 물을 마시게 하지 아니하며
주린 자에게 음식을 주지 아니하였구나 욥 22:4-7

수아 사람 빌닷

하나님이 어찌 정의를 굽게 하시겠으며 전능하신 이가
어찌 공의를 굽게 하시겠는가 네 자녀들이
주께 죄를 지었으므로 주께서 그들을 그 죄에 버려두셨나니
욥 8:3,4

그는 그의 백성 가운데 후손도 없고 후예도 없을 것이며
그가 거하던 곳에는 남은 자가 한 사람도 없을 것이라
그의 운명에 서쪽에서 오는 자와 동쪽에서 오는 자가
깜짝 놀라리라 참으로 불의한 자의 집이 이러하고
하나님을 알지 못하는 자의 처소도 이러하니라 욥 18:19-21

나아마 사람 소발

네 말에 의하면 내 도는 정결하고
나는 주께서 보시기에 깨끗하다 하는구나 욥 11:4

하나님께서 너로 하여금 너의 죄를 잊게 하여
주셨음을 알라 욥 11:6

하늘이 그의 죄악을 드러낼 것이요 땅이 그를 대항하여
일어날 것인즉 그의 가산이 떠나가며 하나님의 진노의 날에
끌려가리라 이는 악인이 하나님께 받을 분깃이요
하나님이 그에게 정하신 기업이니라 욥 20:27-29

○

욥은 친구들의 이야기를 귀 기울여 들을 필요도 없었다. 왜냐면 그들이 하는 이야기가 곧 예전에 자기가 하던 이야기였기 때문이다. 그들이 어떤 이야기를 할지, 자신에게 무엇을 요구하는지도 다 안다.

옳은 말이 어찌 그리 고통스러운고,
너희의 책망은 무엇을 책망함이냐 욥 6:25

나도 너희같이 생각이 있어 너희만 못하지 아니하니
그 같은 일을 누가 알지 못하겠느냐 욥 12:3

이런 말은 내가 많이 들었나니 너희는 다 재난을 주는
위로자들이로구나 욥 16:2

너희가 참으로 나를 향하여 자만하며
내게 수치스러운 행위가 있다고 증언하려면 하려니와
하나님이 나를 억울하게 하시고
자기 그물로 나를 에워싸신 줄을 알아야 할지니라

욥 19:5,6

그러나 욥은 그들이 원하는 답을 내놓을 수가 없었다. 그런 자신을 이해하지 못하는 그들을 보면서 여러 번 친구들에게 섭섭함을 드러내지만 어쩌면 이때 처음으로 욥은 자신들의 한계를 보지 않았을까.

그들이 찾은 하나님의 모습도 극히 일부분일 수 있고, 자신들이 내놓은 인생의 해답지가 완벽하지 않으며, 거기에 답이 나와 있지 않은 인생도 있을 수 있다. 그것이 하필이면 자기 인생이어서 답을 찾다가 모르겠다고 하니 친구들이 혀를 차며 '너도 예외가 아니라 이 해답지 중의 하나'라고 우기는 것이다.

그래서인지 욥은 총구를 친구들에게 겨누지 않는다. 아니 오히려 총 자체를 내려놓았다. 서로 물고 뜯는 것처럼 보이지만 사실 욥은 그들과 논쟁하지 않는다. 오히려 자신과 하나님에 대한 생각에 집중한다. 친구들의 공격을 받으면서도 그들의 정죄와 지적에 눌리거나 항복하지 않는다. 자신의 인생을 돌아보는 데서 흔들리지 않는다.

　잘 살펴보면 서로 대화를 하는 게 아니다. 친구들은 욥에게 뭔가 숨기는 속사정이 있다고 의심하기 때문에 생각이 더 나아가지 못하지만, 욥은 숨길 것도 감출 것도 없는 형편이기에 그저 솔직하게 자기 생각과 감정을 하나님과 친구들 앞에 쏟아놓는다.

○

　어쩌면 처음이 아니었을까. 그는 하나님께 만나달라고 간구한다. 왜 이런 일을 당해야 하는지 하나님께 직접 듣고 싶다고 부르짖는다. 그러다 그가 잊었던 한 존재를 떠올린다. 바로 '대속자'이다.

　그가 내 앞으로 지나시나 내가 보지 못하며
　그가 내 앞에서 움직이시나 내가 깨닫지 못하느니라 욥 9:11

　내가 하나님께 아뢰오리니 나를 정죄하지 마시옵고 무슨 까닭으로 나와 더불어 변론하시는지 내게 알게 하옵소서
　욥 10:2

참으로 나는 전능자에게 말씀하려 하며
하나님과 변론하려 하노라 욥 13:3

나의 죄악이 얼마나 많으니이까 나의 허물과 죄를
내게 알게 하옵소서 주께서 어찌하여 얼굴을 가리시고
나를 주의 원수로 여기시나이까 욥 13:23,24

나를 주 앞으로 이끌어서 재판하시나이까
누가 깨끗한 것을 더러운 것 가운데에서 낼 수 있으리이까
하나도 없나이다 욥 14:3,4

이제 주께서 나를 피로하게 하시고 나의 온 집안을
패망하게 하셨나이다 욥 16:7

그러나 내 손에는 포학이 없고 나의 기도는 정결하니라
욥 16:17

지금 나의 증인이 하늘에 계시고 나의 **중보자**가
높은 데 계시니라 욥 16:19

존 칼빈은 구약의 인물들이 희미한 가운데서도 대속자 곧

그리스도를 알고 기다리는 것이 신비 중의 신비라고 말한다. 모든 것이 밝히 드러난 지금의 우리처럼 그들에게는 선명하지 않았으나 그들은 구원자, 여자의 후손을 기다리고 있었다. 욥기의 저자 역시 이 믿음의 소유자였고, 그는 이 작품의 주인공, 흑암에 빠진 욥에게 새벽 날개처럼 대속자의 빛을 비춘다.

내가 알기에는 나의 **대속자**가 살아 계시니
마침내 그가 땅 위에 서실 것이라 내 가죽이 벗김을
당한 뒤에도 내가 육체 밖에서 하나님을 보리라
내가 그를 보리니 내 눈으로 그를 보기를
낮선 사람처럼 하지 않을 것이라 욥 19:25-27

내가 어찌하면 하나님을 발견하고 그의 처소에 나아가랴
어찌하면 그 앞에서 내가 호소하며 변론할 말을
내 입에 채우고 내게 대답하시는 말씀을 내가 알며
내게 이르시는 것을 내가 깨달으랴
그가 큰 권능을 가지시고 나와 더불어 다투시겠느냐
아니로다 도리어 내 말을 들으시리라 거기서는
정직한 자가 그와 변론할 수 있은즉 내가 심판자에게서
영원히 벗어나리라 욥 23:3-7

그런데 내가 앞으로 가도 그가 아니 계시고 뒤로 가도

보이지 아니하며 그가 왼쪽에서 일하시나

내가 만날 수 없고 그가 오른쪽으로 돌이키시나

뵈올 수 없구나 그러나 내가 가는 길을 그가 아시나니

그가 나를 단련하신 후에는 내가 순금같이 되어 나오리라

욥 23:8-10

내가 내 공의를 굳게 잡고 놓지 아니하리니

내 마음이 나의 생애를 비웃지 아니하리라 욥 27:6

그는 완전하고자 했으나 완전할 수 없었다. 완전하지 못해서, 깨끗하지 못해서, 하나님 앞에 나아갈 때마다 대속물이 필요했다. 그런 그가 대속자가 계시다는 사실을 떠올리게 된다. 잊었던 것인가. 깨달은 것인가. 바라본 것인가.

이때부터 그의 이야기가 큰 전환점을 맞는다. 생각이 또 다른 관점을 낳고, 복잡한 문제를 풀 결정적인 단서를, 알고는 있었지만 깨닫지 못한 어떤 진리를, 지금까지 땅속에 묻어두기만 했던 보석을 찾아내는 기분으로 그의 생각은 새로운 방향으로 물꼬를 튼다.

○

이런 그의 변화를 가장 먼저 눈치챈 사람이 있다. 그들의 제
자인지, 다음세대 리더인지, 이 고령의 학자들을 이끄는 여행
의 길잡이요 보호자요 가이드 역할을 한 것 같은 젊은 신학자
엘리후다.

욥이 혼란스러워했던 처음과는 다르게 확신에 차서 자신의
무죄를 외치자 친구들은 기가 막혀서 말문이 막힌다. 논쟁의
최후 승리자는 모든 참가자의 논증을 끝까지 놓치지 않고 잘
듣고 있던 자다. 잘 말하는 자보다 잘 듣는 자가 결국 한 수
위에 올라서게 되어 있다.

만일 일천 천사 가운데 하나가 그 사람의 중보자로
함께 있어서 그의 정당함을 보일진대 하나님이 그 사람을
불쌍히 여기사 그를 건져서 구덩이에 내려가지 않게 하라
내가 대속물을 얻었다 하시리라 욥 33:23,24

욥이 비방하기를 물 마시듯 하며 악한 일을 하는 자들과
한패가 되어 악인과 함께 다니면서 이르기를 사람이
하나님을 기뻐하나 무익하다 하는구나 욥 34:7-9

나는 욥이 끝까지 시험받기를 원하노니 이는 그 대답이
악인과 같음이라 그가 그의 죄에 반역을 더하며
우리와 어울려 손뼉을 치며 하나님을
거역하는 말을 많이 하는구나 욥 34:36,37

그대의 악은 그대와 같은 사람에게나 있는 것이요
그대의 공의는 어떤 인생에게도 있느니라 욥 35:8

그들이 악인의 교만으로 말미암아 거기에서 부르짖으나
대답하는 자가 없음은 헛된 것은 하나님이 결코 듣지
아니하시며 전능자가 돌아보지 아니하심이라 욥 35:12,13

이제는 악인의 받을 벌이 그대에게 가득하였고
심판과 정의가 그대를 잡았나니 욥 36:17

전능자를 우리가 찾을 수 없나니 그는 권능이
지극히 크사 정의나 무한한 공의를 굽히지 아니하심이니라
그러므로 사람들은 그를 경외하고 그는 스스로 지혜롭다
하는 모든 자를 무시하시느니라 욥 37:23,24

나이가 손아래라는 이유로, 어쩌면 선배들의 논리의 허점을

찾아낼 생각으로 말없이 계속 듣기만 하던 엘리후는 듣는 내
내 가장 강력한 무기를 장착할 시간을 얻었을 것이다.

네 사람이 차례대로 돌아가면서 주장을 펼칠 때, 엘리후는
집중해서 들으며 각 사람의 성향도 파악하고 그들이 공격 포
인트를 놓치고 허점을 보이기라도 하면 말은 안 했지만 속이
부글부글 끓었을 것이다.

욥의 터닝 포인트를 읽어낸 엘리후는 욥의 논리를 산산조각
내기 위해 자신이 어떤 무기를 써야 하는지도 생각해두었다.
그는 가장 큰 분노와 정죄로 욥을 묶고 가르치려 들었다. 그
는 욥의 항변을 들을 필요도 없었다. 들을 만큼 들었기 때문이
다. 욥이 겨우 찾아낸 방패, 대속자라는 말이 엘리후의 입에서
도 나오니 순식간에 그 방패도 힘을 잃고 만다. 물론 엘리후의
치밀한 전략에서 나온 전쟁 초반의 정밀 타격이다. 그 이후 다
른 이들과는 차원이 다른 정죄가 그 입에서 거침없이 끝도 없
이 쏟아져 나온다. 아무도 막아서지 못한 엘리후의 가르침이
화려한 정점을 향해 치달을 때.

드디어 이 긴 논쟁을 끝내는 한 음성이 들린다.

대장부처럼

 무지한 말로 생각을 어둡게 하는 자가 누구냐

욥 38:2

'지혜로운 말로 생각을 밝히는 자'라고 스스로 여기고 살아온 욥이지만, 하나님이 이렇게 부르실 때 욥은 바로 자기인 줄 알았다.

욥을 부르신 후에 하나님은 그에게 대장부처럼 허리를 묶고 묻는 말에 대답하라고 하신다. 욥을 이 모양 이 꼴로 만들어 놓고 대장부처럼 일어서라니. 누더기를 걸치고 재를 뒤집어쓴 채 온몸을 긁으며 가장 가까운 친구들에게도 일말의 동정도 못 받는 그에게 왜, 어떻게 그러실 수 있는가.

큰아이를 키울 때가 생각이 난다.

장난감 가게 앞을 지나다가 아들이 갖고 싶은 장난감을 사주지 않으면 아들은 "엄마라면 아들이 사달라는 걸 사줘야지. 왜 안 사줘요? 사랑한다면서 왜 안 사줘요? 뭐라도 사줘요"라며 마구 졸라댔다.

나중에는 바닥에 드러누워 발버둥을 치며 어서 사달라고 난리였다. 집으로 오는 내내 아이는 울고, 나는 혼내고 달래기를 반복했다. 집에 와서 보면 아이 꼴이 말이 아니었다. 아무 말 없이 일단 얼굴부터 씻겼다. 코도 흥 풀게 하고 비누로 얼굴과 손발까지 깨끗이 정비를 하고 다시 내 앞에 세웠다.

밖에서 서로에게 열이 받고 지치고 실망했지만, 집에 와서 어떤 대화도 나누지 않았지만, 말끔하게 씻고 우유도 한 잔 마시고 다시 얼굴을 맞대면 둘 다 그전과는 다른 눈빛이 된다. 비누 향이 솔솔 나는, 아직 귀밑으로 솜털이 보송보송한 아들의 얼굴이 눈에 들어온다.

지금 나를 향해 웃지 않아도 사랑스럽다. 입이 삐죽 나와 있지만 그것도 귀엽다. 아이도 내 눈에서 자글자글 끓고 있는 뭔가를 보았을 것이다. 우리는 서로 봐야 할 것을 보았다. 진심을 주고받을 준비가 되었다.

대장부처럼 허리를 묶으라는 말씀에 나는 왜 이때가 떠올랐을까. 마치 "네가 내게 어떤 존재인지 아느냐. 네가 내 앞에서 질질 짜고 있을 사람이 아니라 당당하게 서 있을 아들이란다" 라고 말씀하시는 것 같았다.

보소서 나는 비천하오니 무엇이라 주께 대답하리이까
손으로 내 입을 가릴 뿐이로소이다 내가 한 번 말하였사온즉
다시는 더 대답하지 아니하겠나이다 욥 40:4,5

주저하는 그에게 하나님은 다시 한번 대장부처럼 허리를 묶으라고 하신다. 위엄과 존귀로 단장하며 영광과 영화를 입으라고 하신다(욥 40:7,10).

욥이 이 말씀을 들었을 때 그의 눈은 빛났으리라. 왜 이런 일이 벌어졌는지 다 알지는 못해도 하나님의 마음을 알아챘을 것 같다. 이것이 사랑하는 자를 부르시는 그분의 음성임을 듣는 이가 모를 리 없다.

하나님이 나를 미워해서 그러신 게 아니라는 것. 내 죄를 들추시고 벌하시려는 것이 아님을 알았을 것이다. 그 순간 뜨거운 눈물이 흐르지 않았을까. 대장부처럼 서는 일이 다시 가능할 것 같지 않았는데…. 죄인 중에 죄인이 되어 친구들 앞에 주저앉아 있는 그에게 하나님은 허리를 든든히 묶고 전쟁에 앞

장선 자처럼 서라고 하신다. 이미 결론은 나왔다.

○

그 후로 넉 장에 걸쳐 하나님은 창조주 하나님의 광대하심에 초점을 맞춘 긴 질문을 그에게 던지신다. 욥은 허리를 묶고 서서 이 질문들을 받아내야 했다. 그가 막연히 더듬어 그려보던 하나님의 영광. 그러나 지금, 그 영광 자체를 마주해야 했기에 그에게 허리에 힘을 주고 서라고 하신 것일까.

우주의 창조와 자연의 신비와 그 안의 질서를 다스리시는 여호와 하나님의 영광이 바람처럼 불꽃처럼 욥의 눈앞에 펼쳐지고 타오른다. 하나님의 광대하심에 초점을 맞춘 렌즈가 거대해질수록 그는 작디작은 흑점에 불과한 자신을 발견했을 것이다.

우주의 시작과 끝을 오가는 회오리 가운데 욥을 세우시고 질문을 계속하시던 하나님은 그 사이사이에 그의 귀에 꽂힐 만한 지극히 개인적인 질문을 하신다.

그리하면 네 오른손이 너를 구원할 수 있다고
내가 인정하리라 욥 40:14

누가 먼저 내게 주고 나로 하여금 갚게 하겠느냐
온 천하에 있는 것이 다 내 것이니라 욥 41:11

하나님은 욥에게 이런 말씀을 하고 싶으신 모양이다.
"너의 노력으로 의롭게 되는 것이 아니란다.
구원은 너의 힘으로 얻을 수 있는 것이 아니란다."

오늘 우리가 듣는 복음이다. 하나님은 동일하시다. 욥에게
도, 우리에게도 하시는 말씀은 같다. 우리는 우리의 힘과 노력
으로 구원을 얻을 수 없다. 하나님을 알고자 했던 욥의 노력
과 하나님 앞에서 의롭고자 했던 그의 열심은 하나님의 이 긴
질문 앞에서 바람처럼 흩어지고 아무 소용없는 것이 되었다.

그도 우리처럼 알아야 했다. 구원은 하나님으로부터 우리에
게 값없이 주어지는 것임을. 우리가 우리 자신을 깨끗게 할 수
없음을.

이토록 광대하신 하나님이 티끌같이 연약한 한 인생을 사랑
하셨다는 것, 이것이 욥기의 주제이다. 그가 묶여 있던 오해의
올가미에서 그를 풀어주고 자유를 주는 그 사랑이 욥기의 주
제이다. 그리고 이것은 성경의 주제이자 오늘을 사는 우리를
향한 하나님의 사랑이다.

그 사랑 앞에 서면 누구라고 무릎을 꿇지 않겠는가. 욥은
터질 듯한 가슴을 안고 떨리는 목소리로 하나님 앞에서 고백
한다.

주께서는 못 하실 일이 없사오며
무슨 계획이든지 못 이루실 것이 없는 줄 아오니
무지한 말로 이치를 가리는 자가 누구니이까
나는 깨닫지도 못한 일을 말하였고 스스로 알 수도 없고
헤아리기도 어려운 일을 말하였나이다
내가 말하겠사오니 주는 들으시고
내가 주께 묻겠사오니 주여 내게 알게 하옵소서
내가 주께 대하여 귀로 듣기만 하였사오나
이제는 눈으로 주를 뵈옵나이다
그러므로 내가 스스로 거두어들이고
티끌과 재 가운데에서 회개하나이다 욥 42:2-6

그는 하나님에 '대해서' 듣고 하나님에 '대해서' 연구하면서
하나님을 잘 안다고 생각했다. 친구들과 하나님에 '대해서' 알
아가는 것을 가장 큰 기쁨이요 사명으로 알고 살아왔다.
그러나 그는 하나님을 직접 만났고, 그분을 만난 사람들이
하는 전형적인 모습, 곧 회개에 이른다.

친구들이 그토록 집요하게 원했던 것 역시 회개였다. 그러나 그것은 행위의 잘못을 말하고, 이것은 존재의 오류를 깨닫는 회개이다.

하나님 앞에서 스스로 거두어들인다는 특별한 표현을 쓰는 욥. 자신의 모든 생각과 지식과 지혜와 입술의 모든 말과 행동, 즉 자기 자체를 거두어들인다.

세심한
회복

 드디어 욥기의 마지막이다.
영화사에 길이 남을 엔딩이 아닐까.

이제야 큰 오해가 있었음을 알고 부끄러워 얼굴을 들지 못하는 욥의 친구들도 하나님 앞으로 나올 수 있도록 하셨다.

그들이 번제를 드리게 하셨고 욥에게는 그들을 위해 기도하게 하셨다. 진정한 용서는, 그리고 화해는 중보하는 마음으로 시작된다. 하나님은 욥을 위해서 그것을 시작하게 하셨다. 작가는 지나가면서 하는 한마디처럼 흘리지만 여기서도 복음이 선포된다.

너희가 우매한 만큼 너희에게 갚지 아니하리라 욥 42:8

예수님의 중보와 성령님의 말할 수 없는 탄식의 간구를 들으시는 하나님이 우리의 불완전한 믿음에도 불구하고 우리를 자녀 삼아주시듯, 욥의 중보와 기도를 들으시고 친구들의 제사를 기쁘게 받으시고 모든 것을 회복하기 시작하신다.

욥은 잃었던 모든 것을 되찾았다. 이전보다 갑절이 되도록 하나님은 철저하게 찾아주셨다. 또 멀어졌던 이들이 다시 찾아오게 하셨다. 고난당한 형제에게, 친구에게, 이웃에게 마땅히 행했어야 할 공동체의 의무를 지키게 하셨다.

모든 것이 회복된 지금, 굳이 필요 없어 보이지만 하나님은 그것들을 생략하지 않으셨다. 함께 음식을 먹으며 더 이상 이유를 묻거나 따지지 않고 욥이 당한 고난을 함께 슬퍼하며 위로하게 하셨고, 성금을 모아 그에게 주게 하셨다. 공동체가 함께 와서 자신들의 냉담과 외면을 사과하게 하신 것으로 보인다. 하나님은 욥이 사람들에게 사랑받게 하심으로 그의 명예를 세워주셨다.

하나님은 아셨다.
친구들에게 "이 모든 건 욥을 사랑해서야!"라고 하셨고, 잃었던 것들을 갑절로 다 찾아주셨지만 욥에게는 사람들의 위로와 사랑이 필요했다. 그가 사람이기 때문이다.

하나님은 욥에게 다시 일곱 아들과 세 딸을 주셨다. 자식을 회복시켜주셨다. 이것은 무슨 뜻일까. 이렇게 새로 주시면 자식을 잃은 상처가 다 나을까. 그들과 함께 보냈던 시간과 쌓은 추억을 잊고 다시 전처럼 행복할 수 있을까.

재산이 갑절이 되고 공동체가 자신을 예전처럼 존경하게 되었어도 깨어진 가정은 다른 문제다. 같은 수의 자식이 채워졌다고 해서 간단히 회복될 수 있는 문제가 아니다.

○

성경에는 나와 있지 않지만 나는 욥의 부부의 회복이 먼저 이뤄졌다고 본다. 전 부인은 저주를 남기고 고난당한 남편을 떠나고, 어질고 착한 새 부인이 와서 다시 자식을 낳고 천복을 누리는 식의 스토리는 이 이야기와 전혀 어울리지 않는다.

욥의 부인은 옳지만 치우쳐 있던, 그래서 남모를 괴로움을 자신에게 주었던 남편을 긍휼히 여기고 사랑했다. 참혹한 재앙 앞에서 흔들리지 않고 꿋꿋이 서 있으려는 남편을 향해 차라리 죽으라고 했지만, 그 말은 자신에게도 하는 말이었을지 모른다. 자식을 다 잃고 남편을 더 이상 참을 수도, 같이 있을 수도, 처다볼 수도 없게 된 이 여자의 무너진 마음을 하나님은 붙들어주셨다.

그녀는 자식들이 모여 있던 곳을 더듬어 찾아가지 않았을까. 폐허가 된 자리에 주저앉아 가슴을 치며 하늘을 향해 울부짖지 않았을까. 울다가 지쳐 쓰러져도 그 자리를 떠날 수는 없었을 것이다. 하나님은 그녀의 눈물을 보셨고, 그녀의 통곡을 다 듣고 계셨다.

그리고 모든 것이 제자리로 돌아간 지금. 다시 예전의 존귀함을 찾은 남편이 자신 앞에 서 있다. 나라면 어느 때보다 지금, 확 미쳐버리고 누구도 못 말릴 발악을 할 것 같다. 광기 가득 찬 눈으로 남편을 노려보다가 분을 못 이겨, 그가 다시 찾은 명예와 존귀와 생명을 갈기갈기 다 찢어버리려고 달려들었을 것 같다.

너는 다 찾았구나.
그래서 너는 행복하냐. 너는 만족하냐.
너도 죽고 나도 죽어야 하는 때가 왔구나.
더 이상 고통이 없는 곳으로 가야겠구나.

여기까지 가고도 남았을 그녀를, 그녀의 깨어진 이 마음을 하나님은 잡아주셨다. 기함하며 나자빠질 것 같았던 맹렬한 감정을, 산산이 부서져 땅 아래로 무너져 내릴 것 같은 분노를 뱉지도 삼키지도 못하고 앙다문 채 머금고만 있다.

그런데 이상하다. 내 마음이고 내 감정인데 생각대로 되지 않는다. 여기서 한 발짝도 더 나아가지 않는다.

그녀는 깨달았을 것이다. 하나님이 자신의 마음을 붙들고 계심을. 그렇지 않고서야 이렇게 멈춰 서 있을 수는 없다. 이길 수 없는 힘에 붙들려 어쩌지도 못하고 자기 앞에 서 있는 남편의 눈을 쏘아보는데, 그도 자기와 같은 눈빛을 하고 같은 감정과 슬픔을 느끼고 있음을 비로소 보았을 것이다.

모든 것을 찾은 것도 부끄럽고,
사람들이 예전처럼 대해주는 것도 부끄럽고,
자식들이 다 사라지고 나만 살아 있는 것도 부끄럽다.
회복시켜주신 이는 하나님이신데
나는 얼굴을 들 수가 없다.
너무나 혼란스럽다. 어떻게 해야 할지 모르겠다.
이런 내 마음을 알아주고
기대어 울고 싶은 사람은 바로 아내,
나와 모든 것을 함께 겪은 당신밖에 없다.

욥은 눈으로 이런 말을 하지 않았을까.

　욥과 아내는 재앙이 닥쳤던 그날 이후, 처음으로 함께 울었을지 모른다. 머금었던 분노도, 참았던 부끄러움도, 기막힌 상실감도 눈물과 통곡으로 쏟아져 나왔으리라. 서로 붙들고 주저앉아 모든 슬픔과 서러움, 아픔과 고통이 마를 때까지 오래오래 목 놓아 울었을 것이다.

　욥에게 필요한 건 아내의 사랑이었다. 하나님은 그렇게 보셨다. 이 부부의 사랑이 온전히 회복됨으로 다른 모든 것들의 회복이 제 가치를 찾아 진정한 감사와 축복이 될 수 있었다.

　욥은 다시 가정을 꾸렸고, 그 가정에서 하나님이 이 긴 이야기를 통해 그에게 주고 싶으셨던 은혜로 사는 삶, 은혜를 받아 누리는 삶으로 여생을 마쳤을 것이다.

　하나님을 만난 사람들의 특징이 있다. 그들은 하나님의 말씀을 따라 그 말씀대로 한다. 말씀을 거역할 수가 없다.

백 년도 넘게 산에서 배를 만들고,
백 살에 얻은 자식을 죽이러 산에 오른다.
어렵게 얻은 아들을 성전으로 보내 혼자 자라게 하고,
처녀의 몸으로 잉태하여 아들을 낳는다.

앉은뱅이에게 일어서라고 말하고,

죽도록 맞고 감옥에 갇혀서도 찬양을 부른다.

이들은 이 죽을 길을 통해서 살길을 얻었다.

욥의 친구들은 모든 의심을 접었다. 그의 이웃들도 모두가 한 몸처럼 움직였다. 욥 부부도 다시 삶을 이어가며 자식을 낳고 기르며 웃음을 찾고 행복을 찾았다. 이런 일이 어떻게 가능한가. 마음의 주인이신 하나님이 모두에게 새 마음을 주셨기 때문이다.

나의 친구
욥

돌아가신 시아버지는 병석에 계실 때 내게 자주 욥기를 읽어달라고 하셨다. 그때만 해도 나는 욥기를 제대로 이해하지 못한 채 열심히 읽어드리기만 했다. 아버님만의 은혜가 있으려니 믿고 읽었다. 그로부터 몇 년이 흘러 섬광처럼 스쳐간 생각 뒤에 내게 욥기가 재조명되었다.

욥기를 읽을 때마다 아버님을 자주 생각한다. 아버님도 욥처럼 자신에게 다가온 고난의 의미를 찾기 위해 노력하셨다. 목사가 교회를 지어놓고 암에 걸려 죽었다는 소리를 듣는 게 하나님의 영광을 가리는 것 아니겠냐고 하시며 많이 속상해하셨다.

당신의 생과 사보다 하나님의 영광이 더 중요하셨다. 그래서 간구하셨다. 욥처럼 회복되기를. 소생하기를.

아버님은 욥기를 어떻게 이해하셨을까. 그것이 무슨 상관이랴. 아버님은 하나님 앞에 섰을 때 착하고 충성된 종이 받는 칭찬을 듣고 순결한 백성들의 모임에 드셨을 것이다.

○

욥은 하나님에 대한 일반론에서는 일인자였던 사람이다. 그에게 하나님은 지식 속의 하나님, 조상으로부터 전해 들은 이야기 속의 하나님이었다.

그는 하나님과 그분이 지으신 세계와 인간의 삶에 초점이 맞춰진 토론과 사색과 묵상을 하면서 단어를 찾고 묘사를 연구하며 논리를 세우고 정의를 내리는 재미에 푹 빠져 있던 사람이다. 들어서 알고 생각으로 아는 게 전부였다.

이런 욥을 하나님이 흔들어 놓으셨다. 하나님이 한 번 흔드시니 가진 모든 것과 멘탈까지 탈탈 털리고 말았다.

무엇을 감추거나 가장할 수 있는 형편이 아니었던 욥은 대화, 토론, 상념, 이성, 논리 속에 갇혀서는 도저히 풀 수 없는 자신의 문제 앞에서 정직하게 자신의 생각과 감정을 모두 하나님께 쏟아냈다. 예의도 체면도 다 벗어던지고 가장 밑바닥에 있는 것까지 숨김없이.

이 순간만큼은 하나님이 지식 속에 갇혀 있지 않았다. 욥은 마치 살아 있는 사람에게 하듯 하나님께 항변했다.

나는 아무리 생각해도 이런 일을
당할 만한 죄를 지은 적이 없다.
정말 억울하다. 뭐가 뭔지 하나도 모르겠다.
내가 논했던 하나님이 이렇게까지 하실 이유가
내게는 없다.
하나님을 만나고 싶다. 이야기하고 싶다.
그분의 설명을 듣고 싶다.
지금 여기에서 나를 만나주십시오.

욥의 이 부르짖음을 들으시고 나서야 하나님은 욥 앞에 나타나신다. 특별한 말씀을 하시지 않았다. 욥의 성경 공부 모임에서도 나올 법한 이야기만 하신다. 하나님의 전지전능, 무소불위, 무소불능, 무소부재를 길게 말씀하신다.

그러는 동안 욥은 하나님을 처음 뵈었다. 오래도록 응시했다. 그리고 그는 거듭났다.

그는 얼마나 철저히 보통 인간이었나. 생각으로 진리에 이르고 행함으로 의에 이르려 했던 사람. 이런 그가 하나님을 만남으로 이런 고백을 한다.

내가 주께 대하여 귀로 듣기만 하였사오나
이제는 눈으로 주를 뵈옵나이다
그러므로 내가 스스로 거두어들이고
티끌과 재 가운데에서 회개하나이다 욥 42:5,6

이제부터 나는 욥을 '나의 친구, 욥'이라고 부르련다. 나는 그에게서 나를 보고, 그의 하나님에게서 나의 하나님을 본다.

욥도 나처럼 내 마음을 아시는 나만의 하나님을 갖게 되었을 것이다. 하나님과 감출 게 없는 친구 사이로 여생을 보냈을 것이다. 세상의 그 무엇도 그리스도의 사랑에서 나를 끊을 수 없는 자유인으로 살았을 것이다.

욥기에 대한 오랜 오해는 이렇게 풀렸다.

그림을 본 것 같기도 하고
책을 읽은 것 같기도 하고
영화를 본 것 같기도 하다.

이제는 괴롭지 않다. 내가 알고 있는 하나님을 욥기에서도 동일하게 만나기 때문이다.

한 사람을 위한 사랑.

은혜로 얻는 구원.

PART 3

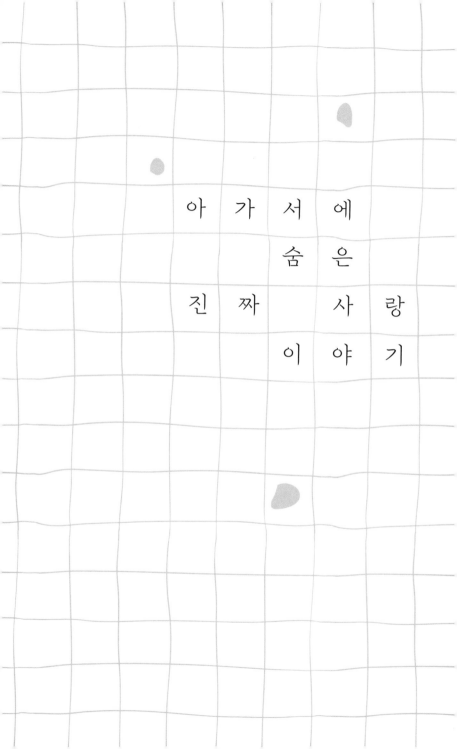

아 가 서 에
숨 은
진 짜 사 랑
이 야 기

아가서에 관한
짧은 생각

태산 같은 욥기를 넘어오느라 기운을 다 빼앗겨 기진맥진하다. 다행히 쉬어 갈 휴게소가 연달아 나오는구나. 시편, 잠언, 전도서.

기름을 가득 채우고 긴장한 근육이 풀리도록 스트레칭도 좀 하자. 천천히 여기저기 구경도 하고 맛있는 것도 먹으며 빼앗긴 에너지를 충전하자. 앞으로 이어질 긴긴 예언서를 읽으려면 많은 힘이 필요하다.

그전에 아가서가 남아 있지 않느냐고? 풋, 고까짓 여덟 장짜리 연애 이야기? 심심풀이 땅콩이지. 누워서 떡 먹다가 일어나 앉아 식은 죽 먹지지. 맞아, 이런 사랑 이야기쯤은 하나 끼어 있어야지.

그럼, 어디 한번 읽어볼까?

이것이 내가 아가서를 대하는 태도였다.

세상에 사랑 이야기처럼 쉽고 재미있는 게 어디 있나. 구운 오징어 다리 하나를 입에 물고 읽기 시작한다. 그러나 몇 구절을 넘기지 못하고 도대체 무슨 말을 하는 건지 어안이 벙벙해진다. 입에 물고 있던 오징어 다리를 내려놓고 자세를 고쳐 앉아 진지하게 읽어본다. 그런데 읽고 또 읽고 다시 읽고, 아무리 읽어봐도 도통 무슨 소리인지 모르겠다.

욥기보다 더하다!

○

아가서를 처음 읽은 건 중학생 때였던 것 같다. 한창 사춘기였고, 남녀의 사랑 이야기에 솔깃한 때. 두꺼운 성경을 이리저리 넘겨보다가 어쩌다 마주친 아가서.

이름도 다른 성경과 달리 예쁘고 귀여운 데다 척 봐도 연애이야기였다. 성경에 이런 이야기가? 깜짝 놀라기도 했지만 얼마나 반가웠는지. 소년 소녀 세계 명작 동화를 마스터하고 세게 고전 문학으로 넘어갈 때였으니 성경에 나오는 러브 스토리 한 편 정도는 읽을 자신이 있었다.

요즘 성경에는 아가서가 대화체로 되어 있어서 누구의 대사 인지 알 수 있도록 자세히 안내가 되어 있지만, 그 시절 내가 보던 성경에는 대화체인 것도 알 수 없었고, 무슨 표시 같지도 않은 작은 동그라미가 절과 절 사이에 그려져 있을 뿐이었다.

목사님들이 아가서를 설교 본문으로 잘 정하지도 않았고, 지금 생각해보면 사실적 표현 때문에 중고등부 학생들에겐 의 도적으로 피해가신 게 아닐까 싶기도 하다.

교회에서 배우지도 못하고 혼자 자세히 읽어봐도 모르겠는 성경, 아가서. 아깝다. 사랑 이야기라는데….

이랬던 내가 아가서를 보는 눈이 열린 건, 욥기 때 그랬던 것처럼 그럴 리가 없다는 생각이 스치고 난 후였다. 솔로몬이 사랑한 여인과의 이야기라는데. 솔로몬이 지극히 개인적인 이 야기를 장난치듯 수수께끼처럼 적어놓은 것이 성경에 끼어 있 을 리 없다는 생각이 들었다.

아가서에서 여인은 교회를, 솔로몬은 예수님을 상징하고 교 회와 예수님과의 관계를 보여준다고 배웠으나 이 설명도 내게 는 충분하지 않았다. 예수님과 교회가 어떤 사이인지는 에베 소서에 명쾌하게 나와 있다.

아가서를 통해 솔로몬은 무슨 이야기를 하고 싶었을까.

우선 저자를 알아보자.

성경이 소개하는 것을 요약하면 솔로몬은 천재 중의 천재
다. 모르는 게 없고 깨우치지 못한 것이 없다. 가끔 하나님은
한 사람에게 몰아주는 걸 좋아하시는 것 같은데 솔로몬의 경
우에는 최고의 것으로만 몰아주셨다. 그 시대 모든 부문에 정
통했을 뿐 아니라 가장 탁월했다.

분야별로 노벨상을 수상한 역사적 인물들이 이 한 사람 안
에 다 들어 있는 것 같다. 문학적 소양도 뛰어나 그가 쓴 여러
편의 시편과 잠언, 전도서, 그리고 아가서가 성경에 실려 있다.
성경은 또 이해하기 힘든 그의 추락과 타락을 우리에게 감추
지 않고 낱낱이 기록했다.

아버지의 치명적인 스캔들 뒤에 환영받지 못한 출생. 그늘
진 얼굴의 어머니를 보고 자랐을 그는, 아버지를 몰아내고 왕
위를 찬탈하려는 왕자들의 난에 끼지도 못할 정도로 존재감도
없을 뿐더러 자존감도 낮았을 것 같다. 하지만 하나님은 그를
사랑하셨다.

솔로몬이 태어날 때 나단 선지자를 보내어 애칭을 지어주

시며 특별한 사랑을 표현하셨고, 왕위에 올랐으나 아직 모든 게 미약한 그를 찾아오셔서 "내가 네게 무엇을 줄꼬 너는 구하라"(왕상 3:5)라고 말씀하셨다. 다시 말해 "필요한 건 없니? 내가 어떻게 도와줄까?"라고 물으셨다.

솔로몬은 자존감이 낮았을지 모르지만 왕의 자리에 대한 생각은 깊었던 것 같다. 갑작스러운 질문 앞에서 허둥대지 않았고, 백지 수표를 받고도 충동적으로 말하지 않았다. 마치 이 질문을 예상한 사람처럼 침착하게 자신의 생각을 말씀드린다.

그는 다윗 왕의 여덟 번째 아들로 태어나 권모술수가 난무하는 왕궁에서 일어나는 여러 일과 그 가운데서 여호와 하나님만을 신실하게 섬기는 아버지를 조용히 지켜보면서 자랐다. 이스라엘 민족의 다음 왕은 선악을 분별하는 재판장이어야 한다고 생각했다. 백성들이 위하는 왕이 아니라 백성들을 위하는 왕이 되고자 했다.

그는 하나님과 직결되는 이스라엘 민족만의 선악의 개념을 왕으로서 백성들에게 잘 가르쳐주고 싶었던 것 같다. 왕과 백성이 만나는 재판의 자리에서 하나님나라의 정의를 실현하고 싶어서 그는 '지혜'를 구했다(왕상 3:9).

하나님은 그의 이런 관찰과 발견과 결심을 이미 아셨을 것이다. 또 그가 왕의 자리에 올라서도 이 생각을 버리지 않고 하나님의 백성을 잘 이끌 수 있게 도와달라고 했을 때, 하나님은 기뻐하셨을 것이다. 그의 작은 마음을 크게 받으신 하나님은 그의 정신세계를 활짝 열어 빛을 쏟아부어주셨다. 지혜 그 자체이신 하나님은 그에게 지혜를 아낌없이 주셨다. 그분 자신을 나눠주셨다.

이런 그가 추락한다. 성경을 읽는 많은 사람들이 크게 실망하는 부분이다. 이렇게까지 무너지다니. 참으로 허망하다.

그러나 열왕기의 기록으로 그렇게 끝난 인생이었다면, 그는 성경 저자 중 하나가 되지 못했을 것이다.

솔로몬에 대한 평가는 전도서를 통해 완성되어야 한다고 배웠다. 그는 모든 것을 후회하고 회개했으며 가장 귀한 것이 무엇인지 마침내 발견하고 기록으로 남겼다. 그것이 전도서이다. 인생의 끝에 쓴 전도서를 통해 솔로몬의 회복을 확인할 수 있다. 그의 글들이 성경에 오름으로써 우리는 성경이 솔로몬을 어떻게 대우하는지도 알 수 있다.

솔로몬의
아가서

 자, 이제 솔로몬의 아가서를 다시 읽어보자.

등장인물이 '사랑하는 자와 사랑받는 자'라고 명명되어 있다. 벌써 다른 사랑 이야기와 다르다. 서로 사랑하는 두 사람이 아니라 사랑을 하는 자와 사랑을 받는 자로 설정되어 있다. 누가 더 사랑하고 덜 사랑하느냐는 예민한 신경전이 사랑하는 사이에 있기 마련인데 아예 처음부터 한쪽은 사랑만 하고, 다른 한쪽은 사랑만 받는단다.

내용을 보면 짝사랑만은 아닌 것 같은데 작가는 이 사랑의 종류를 등장인물의 이름에 밝혀놓았다.

이 이야기에는 사랑하는 자 솔로몬이 무슨 이유로 술람미 여인을 사랑하는지 나와 있지 않다. 사랑이 이루어지는 황홀하고 가슴 설레는 순간에 대한 묘사도 없고 왜 사랑하게 되었는지에 대한 이야기도 없다. 독자가 직접 찾아내야 한다.

여자가 예뻐서 그러나 싶은데 자기 입으로 비록 검다고 한다(아 1:5). '비록'이라는 단어를 굳이 붙이는 걸 보면 공식적인 미인은 아닌 것 같다. 미인은 아니더라도 사랑받고 자란 매력 있는 여자인가 싶다가도 오빠들의 구박을 받아 포도 농사를 하고 있다고 하니 이것도 아닌가보다.

다른 사람도 아니고 여동생이 어쩌다 오빠들에게 단체로 구박을 받아 햇볕 쏟아지는 들판으로 내쫓겨 시커멓게 탔단 말인가. 궁궐에만 거하던 솔로몬이 튼실한 농촌 아가씨의 순박한 매력에 빠진 경우라 하더라도 그 이유를 밝혀야 하지 않을까. 독자에 대한 예의가 있다면, 어느 순간 반했는지 알려줬어야 했다. 우리는 누군가에게 사랑을 주기 전에 사랑할 만한 이유를 찾는다. 이야기 속에서라도 사랑스러워야 사랑한다. 그런데 아무리 찾아봐도 이 이야기에는 사랑하는 이유를 찾을 수가 없다. 그래서 감정이입이 되지 않는다. 이해할 수 없는 사랑이다.

시골 아가씨에게 천재 왕자님이 특별한 이유도 없이 사랑에 빠졌다는데, 그 사랑 고백을 듣고 있자니 멀미가 나려고 한다. 이 왕자님의 사랑 고백이 다소 외설스럽다. 아가씨의 육체를 구석구석 훑으면서 하나하나 들춰가며 열렬히 찬양만 하다가 끝난다. 한번 시작하면 머리부터 발끝까지 다 들어야 한다. 사랑하는 여자의 몸을 주제로 시를 읊으면서 웬 동물들은 그렇게 많이 등장하는지. 이 여자는 이 고백이 그렇게 좋은가.

누가 나를 사랑한다고 하면, 내 어떠함이 상대의 마음을 끌었는지 궁금해진다. 만약에 그것이 내가 타고난 것에 국한된다면 실망하고 만다. 그래서 영화 속의 왕자님이나 재벌가의 딸이 진정한 사랑을 찾으려 할 때 자신의 신분을 감추는 장치가 꼭 들어간다. 내 외모와 직업이 아니라 내 정신과 마음을 더 소중하게 생각하고, 겉 사람이 아니라 속사람을 볼 줄 아는, 나의 사라질 것이 아니라 영원한 것을 사랑하는 사람을 찾는다. 이 사람을 찾기 위해 왕자님은 왕관을 벗고 재벌가의 딸은 아르바이트생이 된다.

그런데 아가서에는 이런 게 없다. 나 같으면 연인 사이라 하더라도 함부로 솔로몬과 같은 고백을 했다간 모욕을 입은 여자의 뜨거운 맛을 보여줄 것 같다. 나의 겉만 보는 너는 나를 안다고 할 수 없는데, 나를 알지도 못하면서 어디서 사랑을 운운하며 내 몸을 쳐다본단 말인가.

　그러나 만약 남편이 내게 솔로몬과 같은 고백을 한다면 이야기가 달라진다. 비가 오나 눈이 오나 나를 위해 땀 흘려 밭을 갈고, 고기를 잡아 오고, 산에서 나무를 해오는 남편이라면 말이다. 그를 위해 옷을 짓고 밥을 하고 아이를 낳은 내게 이런 고백을 한다면, 아무렇지도 않고 새삼스럽게 예쁠 것도 없는 내 뺨과 목과 눈과 머리카락과 입술을 노래한다면. 사철 발 벗은 아내인 나를 나의 비둘기, 나의 백합화, 나의 누이, 나의 신부라고 부른다면, 처음에야 이 사람이 또 무슨 장난을 치려고 이러나, 피식 웃겠지만 그의 눈에 담긴 진심을 함께 보게 된다면.

　그가 너무 고마울 것 같다. 이 고백 앞에서는 '내가 과연 이런 사랑을 받을 만한 사람인가' 돌아보게 될 것 같다. 이 사랑을 어떻게 갚아야 하나 가슴 뭉클한 고민에 빠질 것 같다.

　이런 고백은 아무나 하는 게 아닌가보다. 사랑을 위해 기꺼이 희생한 사람만 할 수 있나보다.

○

아가서에 나오는 사랑은 이런 사랑이다.

일방적인 짝사랑.
이유가 없는 사랑.
기꺼이 희생한 사랑.

그렇다.

이 사랑은 우리를 향한 하나님의 사랑이다. 하나님의 사랑
은 이해하기 어렵다. 바보 같은 사랑이다. 사람은 이렇게 어리
석은 사랑을 하지 않는다. 그래서 내가 아가서를 이해하지 못
한 것이다.

술람미 여인과 솔로몬을 우리와 하나님으로 보고 아가서를
다시 읽어보기 바란다. 왕 중의 왕이었던 자신을 하나님에 빗
대고 아버지 어머니의 큰 후회와 회개, 형의 죽음, 그 이후에 태
어난 서러운 자신의 출생. 형제 중에 가장 약하고 어린 자였던
자신에게 술람미 여인을 빗대어. 솔로몬은 그가 깨달은 하나
님의 사랑을 노래하고 있는 것 같다.

자신을 먼저 사랑하신 하나님.
사랑하는 데 이유를 찾지 않으신 하나님.
있는 그대로의 자신을 사랑하신 하나님.
사랑하시되 끝까지 사랑하신 하나님.
자신의 추락과 타락까지 용서하시고
탕자를 기다린 아버지처럼
그가 돌아오기를 기다리신 하나님.

사랑 중에 가장 놀라운 사랑을 노래한 솔로몬은
마지막을 이런 대화로 장식한다(아 8:13,14).

Let me hear your voice.

Come away, my lover.

내게는 이 말이 이렇게 들린다.

네 고백을 들려다오.
주여, 어서 오시옵소서.

이스라엘 여행 삼 일째였다.

갈릴리 호숫가가 보이는 숙소에서
잠꾸러기인 내 귀를 흔드는
짹짹짹짹 지지배배 새들의 아침 인사에
저절로 잠이 깼다.

새소리를 들으며 잠에서 깨니
눈을 뜨기도 전에 웃음이 나왔다.
수십 마리가 한꺼번에 지저귀는 것 같았다.
어디에 있기에 이렇게 가까이 들리나 싶어 창문을 여니
귓가에 더욱 생생하게 들리는 새소리와 함께
이름 모를 꽃향기가 확 풍겨왔다.

내가 머물던 방 바로 앞에
수령이 삼십 년은 족히 넘어 보이는

나무 한 그루가 있었는데, 새소리와 꽃향기 모두
그 나무에서 울려 퍼지고 있었다.
그 소리와 향기에 이끌려 밖으로 나갔다.
나무 가까이 다가가니 작은 참새들이 잔뜩 모여 앉아
무슨 이야기를 그리 신나게 하는지
내가 한참을 보고 있어도 모르는 것 같았다.

   '한 가지에 저 정도면
   이 나무 전체에는 수백 마리쯤 있겠네.'

그때 꽃 한 송이가 내 눈앞에서 조용히 떨어졌다.
떨어지는 꽃을 따라 나무 아래를 보니
수많은 꽃송이들이 떨어져 있었다.
이 나무의 꽃은 가장 아름답게 피었을 때
가장 진한 향기를 품은 채
자신의 절정을 안고 지는 것이다.

방금 떨어진 그 꽃잎의 아직 가시지 않은 향기를 맡자니
왠지 가슴이 아팠다.

새들을 방해하지 않고 꽃잎도 밟지 않으려고
조용히 물러나 뒤돌아서 호수 가까이 걸어갔다.
여명의 하늘은 푸르렀고 갈릴리는 고요했다.
새들은 노래하고 꽃잎은 향기롭게 지는데,
아무도 없는 곳에 나 홀로 서서
저 멀리 골란고원 뒤로 밝아오는
하늘의 끝자락을 바라보았다.

잔잔한 호수의 물결 소리를 들으며
부드러운 바람을 맞고 서 있는데,
눈물이 나왔다.

이 완벽한 평화가 믿기지 않았다.
놓치고 싶지 않았다.
이 순간을 오래 붙잡고 계속
그 자리에 서 있고 싶었다.
아름다운 것으로 충만한 이 아침의 모든 것이
뭉클하게 다가와 눈물이 났다.
그러다 이내 이유를 댈 수 없는
서러움 같은 것들이 밀려왔다.

'여기 이렇게 안식이 있는데
나는 그동안 너무 오래 슬펐고
너무 많이 지쳤구나.
하나님이 내게 정해주신 자리에서 버티다가
도망가고 싶거나 사라지고 싶을 때
이곳에 꼭 다시 오리라.
와서 이 순간을 다시 보리라.'

갈릴리는 내 심정을 알아줄 것 같았다.
호수에 서서 울던 나를 기억해줄 것만 같았다.

하염없이 흐르는 눈물을 닦으며
한참을 서 있다 보니 남편 생각이 났다.
내가 낯선 곳을 혼자 나다닐 사람이 아니라는 걸
아는 남편이 내가 안 보이면 놀랄 것 같았다.
다시 숙소로 가려고 돌아서면서
마지막 눈물을 훔칠 때 한 가지 생각이 스쳤다.

'우리 교회 식구들과 같이 올 수 있을까.
바로 이 계절에, 바로 이곳에,
바로 이 가이드 목사님을 모시고 올 수 있을까.
그러면 참 좋겠다.'

그리고 정확히 이 년 뒤….
그 새벽 그 숙소 앞에서 그 새소리를 듣고
그 꽃향기를 맡고 갈릴리 호수로 걸어가
상념에 잠겨 호수를 바라보며 앉아 있는데
누군가 나를 부르며 다가온다.

"사모님, 여기 계셨네요."

바로 그 계절에
바로 그곳에
바로 그 가이드 목사님을 모시고 나는
이십 년을 동고동락한,
그래, 말 그대로 같이 울고 같이 웃었던,
사랑하는 나의,
잊지 못할 나의,
다시 만날 나의 형제요 자매인 그들과

이스라엘에 갔다.

누가 하나님이 없다 하는가.

내게 하나님은 이토록 리얼이다.

사랑으로 산다

초판 1쇄 발행	2020년 7월 15일
지은이	최에스더
펴낸이	여진구
책임편집	김아진 정아혜
편집	이영주 김윤향 최현수 안수경 최은정
책임디자인	조은혜 조아라 ㅣ 마영애 노지현

기획·홍보	김영하	**해외저작권**	기은혜
마케팅	김상순 강성민 허병용	**마케팅지원**	최영배 정나영
제작	조영석 정도봉	**경영지원**	김혜경 김경희

303비전성경암송학교 유니게과정 박정숙 최경식
이슬비전도학교 / 303비전성경암송학교 / 303비전꿈나무장학회 여운학

펴낸곳	규장

주소 06770 서울시 서초구 매헌로 16길 20(양재2동) 규장선교센터
전화 02)578-0003 **팩스** 02)578-7332
이메일 kyujang0691@gmail.com **홈페이지** www.kyujang.com
페이스북 facebook.com/kyujangbook **인스타그램** instagram.com/kyujang_com
카카오스토리 story.kakao.com/kyujangbook
등록일 1978.8.14. 제1-22

ⓒ 저자와의 협약 아래 인지는 생략되었습니다.
이 출판물은 저작권법에 의해 보호를 받는 저작물이므로 무단 전재와 무단 복제를 할 수 없습니다.

표지와 본문에 'Mapo꽃섬' 서체가 사용되었습니다.

책값 뒤표지에 있습니다.
ISBN 979-11-6504-102-1 03230

규 ㅣ 장 ㅣ 수 ㅣ 칙

1. 기도로 기획하고 기도로 제작한다.
2. 오직 그리스도의 성품을 사모하는 독자가 원하고 필요로 하는 책만을 출판한다.
3. 한 활자 한 문장에 온 정성을 쏟는다.
4. 성실과 정확을 생명으로 삼고 일한다.
5. 긍정적이며 적극적인 신앙과 신행일치에의 안내자의 사명을 다한다.
6. 충고와 조언을 항상 감사로 경청한다.
7. 지상목표는 문서선교에 있다.